中国金融稳定性问题研究

RESEARCH ON CHINA'S FINANCIAL STABILITY

王泳茹◎著

中国经济出版社
CHINA ECONOMIC PUBLISHING HOUSE
北京

图书在版编目（CIP）数据

中国金融稳定性问题研究 / 王泳茹著 . --北京：中国经济出版社，2021. 10（2023. 8 重印）
ISBN 978-7-5136-6646-6

Ⅰ. ①中… Ⅱ. ①王… Ⅲ. ①金融市场-研究-中国 Ⅳ. ①F832. 5

中国版本图书馆 CIP 数据核字（2021）第 189369 号

策划编辑　佘静宜
责任编辑　耿　园
责任印制　巢新强
封面设计　华子图文

出版发行　中国经济出版社
印 刷 者　北京建宏印刷有限公司
经 销 者　各地新华书店
开　　本　710mm×1000mm　1/16
印　　张　12. 25
字　　数　220 千字
版　　次　2021 年 10 月第 1 版
印　　次　2023 年 8 月第 2 次
定　　价　78. 00 元
广告经营许可证　京西工商广字第 8179 号

中国经济出版社 **网址** www. economyph. com **社址** 北京市东城区安定门外大街 58 号 **邮编** 100011
本版图书如存在印装质量问题，请与本社销售中心联系调换（联系电话：010-57512564）

前　言

目前，国内金融市场条件和外国金融市场环境非常复杂，存在许多影响金融稳定的因素。金融发展受关注的程度越来越高，尤其是在2008年国际金融危机之后，全球经济复苏艰难曲折，主要发达经济体的财政风险和金融风险加大，新兴经济体的经济增长放缓，国际金融市场动荡加剧，全球资本流动日益频繁。金融稳定成为各国金融系统的主要目标，各国积极采取各种措施来维护金融稳定。

现代的金融是由密切相连的组织体系构成的，具有高传染性特点。一个国家或地区的金融不稳定极易感染给其他国家和地区，并可能诱发全球金融体系的动荡和世界性的恐慌，最终结果必然导致全球性的经济衰退。自20世纪以来，金融危机的频繁爆发，在某种意义上成为金融稳定工作发展的直接推动力。随着经济金融环境的不断演变，金融稳定的内涵、机理与评价指标体系也在不断地丰富和拓展。然而，目前关于金融稳定这一领域的许多具体问题，从理论和实践这两个方面来说，都没有得到很好的解决。基于当前的国际经济环境和国内金融业自身发展的本质特性，对金融稳定进行系统研究也就成了一个具有现实意义的课题。

金融的本质特征决定了金融风险必然存在，各种错综复杂的原因决定了金融风险不可能完全被检测、预防、化解，当前金融经济环境日益复杂使得金融稳定的工作难度进一步加大，为了适应不断变化的经济环境条件，对金融稳定性的研究就显得尤为迫切。

金融稳定工作在不同国家的侧重点也是不同的，每个国家所处的历史时期不同，国情也不一样。中国在经济快速发展的情况下，金融体系运行基本上处于稳健状态，但一些深层次的矛盾和长期积累的问题还没有得到解决，也存在需要完善和改进的地方。2019年9月27日，国务院金融稳定发展委员会（以下简称“金融委”）召开第八次会议，研究深化金融体制改革、增强金融服务实体经济能力等问题，部署下一步重点工作。会议强调，金融体系要贯彻落实党中央、国务院决策部署，坚持稳中求进工作总基调，切实深化金融供给侧结构性改革，继续实施好稳健货币政策，加大逆周期调节力度，保持流动性合理充裕和社会融资规模合理增长。

为应对经贸摩擦、国际经济不确定性加大等外部因素影响，中央反复强调“办好自己的事”“凝心聚力把自己的事办好”的战略总方针，多次强调“六稳”（稳就业、稳金融、稳外贸、稳外资、稳投资、稳预期）要求。对此，金融委与各个监管部门雷厉风行、贯彻实施，从实际出发，及时调整政策措施。深化金融供给侧结构性改革，提供发展新动力和加快新旧动能转换，应当是这一政策“组合拳”的关键点。

改革是发展的原动力，金融改革一直在深化。金融委第八次会议强调了政策性金融机构和商业银行改革措施。一方面，要进一步深化政策性金融机构改革，完善治理体系和激励机制，遵循金融机构经营规律，发挥好政策性金融机构在经济转型升级和高质量发展中的逆周期调节作用。另一方面，要加快构建商业银行资本补充长效机制，丰富银行补充资本的资金来源渠道，进一步疏通金融体系流动性向实体经济的传导渠道。要保持和增强银行机构支持实体经济发展的能力，银行机构必须保持和持续增强自身的资本实力，即具有达到和超过国际标准的资本充足率。党的十九大也明确了我国深化金融改革的方向和决心，中国要抓住有利时机积极采取各种措施来维护金融体系的稳定。

目　录

0 导 论

0.1 选题背景及意义

0.1.1 选题背景

改革开放以来，中国的重要变化不只是社会和经济生活的显著改善，更重要的是金融地位的显著提升和金融深化程度的日渐提高。从金融机构看，金融机构在逐步形成多元化的结构，而且经营能力和发展能力大大增强；从金融活动看，金融市场，包括货币市场和资本市场逐渐成熟，金融服务的业务类型和范围也在不断扩大，金融商品和金融服务可以满足更高层次的社会需求。金融的快速发展为经济增长作出了巨大贡献，为中国经济的起飞提供了有力支撑。可以说，金融在国民经济中的作用从来没有如此重要，金融的影响从来没有达到如此的深度，金融受关注和重视的程度也从来没有这么突出。但是，在金融迅速发展的背景下，我们也要清醒地看到，中国金融运行中长期积累的一些深层次矛盾还没有得到解决。

现代金融是由密切相连的组织体系构成的，具有高传染性的特点。一个国家或地区的金融不稳定极易感染给其他国家和地区，并可能诱发全球金融体系的动荡和世界性的恐慌，最终必然导致全球性的经济衰退。自20世纪以来，世界范围内金融危机的频繁爆发，在某种意义上成为金融稳定工作发展的直接推动力。尽管到目前为止，对金融稳定还尚未达成一个统一的、公认的定义和概念，但相关的研究活动和实践活动一直都没有停止。金融创新的发展、金融深化程度的加深和金融风险复杂性的增加也对金融体系的稳定工作提出了更高的要求。从中国实际情况来看，当前经济金融的内部条件和外部条件正在发生一系列重大变化和调整，在经济快速发展的同时，一些潜在的金融不稳定因素不容忽视，金融稳定已经成为和金融发展同等重要的实践问题。2003年中国银监会、保监会、证监会相继成立以后，为维护和加强国家金融稳定，对央行的职能进行了调整，金融稳定被赋予了更为实质性的内容，这方面的工作也更加具有系统性和针对性。2018 年中国银监会和保监会合并成立中国银行保险监督管理委员会（简称“中国银保监会”或“银保监会”），其主要职责是依照法律法规统一监督管理银行业和保险业，维护银行业和保险业合法、稳健运行，防范和化解金融风险，保护金融消费者合法权益，维护金融稳定。

金融稳定原本不是一个全新的概念，长期以来它在很大程度上是一个用于解释金融风险的防范与化解过程的概念。但是，随着经济金融环境的不断演变，金融稳定的内涵、机理与评价指标体系也在不断丰富和拓展。目前关于金融稳定这一领域的许多具体问题，从理论和实践两个方面来说，都没有得到很好的解决。基于当前的国际经济环境和国内金融业的本质特性对金融稳定进行系统研究，也就成了一个具有现实意义的课题。

0.1.1.1 金融危机爆发、成本和不可预测性直接把视线引向全球金融稳定

(1) 金融危机日益频繁

20 世纪 70 年代，随着布雷顿森林体系的崩溃，许多国家采取货币的浮动汇率制度，并由此开始了金融全球化和金融自由化。一方面，资本的全球化流动带来了诸多的发展机遇，但与此同时也意味着要面对更为严峻的外部冲击，利率、汇率等因素的频繁波动导致金融体系的不稳定性增加；另一方面，金融自由化促进了金融业的发展，金融创新层出不穷，对规避金融风险的要求也越来越高。从危机爆发的频率和范围来看，自 20 世纪 90 年代以来，金融危机爆发尤为频繁。由于发达国家资金积累较高和利率偏低，大量资金为了找寻新的投资机会纷纷流向发达国家；与此同时，新兴市场国家由于在发展过程中经济增长速度较快，自由化逐渐渗透，对外资本依赖程度增强，再加上风险防范机制和控制机制不够完善，在危机爆发的频率和危害程度方面表现得更为明显。正是在这样的大环境下，各国陆续把维护金融稳定的工作上升到国家安全与发展的战略性高度。

(2) 金融危机成本较大

国际经验表明，一般情况下，金融危机给经济和社会带来的损失远远大于自然灾害的冲击。经济损失主要表现为银行倒闭、企业倒闭、职工失业、为拯救银行导致大量外汇储备流失和政府财政负担，以及国内生产总值骤降等。此外，金融危机的负面影响涉及每一个人。社会层面的危害性不仅反映

在政治的不稳定上，还反映在收入分配的恶化以及贫困的加剧上。历史多次证明：自然灾害可能会促使大家团结起来，增强人们的凝聚力，但金融危机通常会使公众对政府的信心崩溃。中国如果经历一场严重的金融危机，过去几十年来的改革和发展所取得的巨大成就将会在一夜之间化为乌有。几乎可以肯定的是，会出现任何人都不愿意看到的局面。

（3）金融危机难以预测

金融危机很难防范，造成的负面影响更难以预测，连金融政策制定者和专业人士都无法预料金融危机发生的时间、造成的影响等。如果不能对金融危机进行及时防范或有效控制，它将会迅速影响整个金融领域并对实体经济造成严重损害。如果发生了事先没有预料到的金融危机，金融当局迫于时间的压力就很难作出最快、最准确的处理。为什么金融危机很难预测？因为引发金融危机的国内外因素太多而且太复杂。一个国家发生金融危机，可能是由于这个国家内部的经济基本面失衡，或缺乏有效监管导致金融体系脆弱；也可能是由于国外的冲击通过各种渠道，如资产转移、货币市场等将危机传染到国内。中国目前仍处于经济转型和发展阶段，因此更要特别注意这些问题。

（4）金融不稳定性与不可预测性日益增加

金融的不稳定性因素越来越多，越来越难以预测危机发生的可能性，这与国际金融体系的变化是相关的。首先，20 世纪 70 年代初美国布雷顿森林体系的瓦解，导致了国际货币市场和金融市场的剧烈动荡。其次，目前一些国家的债务问题逐渐暴露出来，资产泡沫正在破灭，而世界金融体系正处于 2008 年国际金融危机的余波之中。世界金融市场无力承担这一空前巨大的损失，许多成熟的金融市场承担了一大部分损失，损失了大部分长期累积的缓冲资本。最后，世界各国都在积极参与金融自由化进程，逐步推出自由化政策，加入全球化的浪潮之中，从而进一步加剧了全球金融市场的动荡。中国也正在逐步融入全球金融一体化的进程之中，已经成为全球经济金融市场上不可或缺的一部分。因此，对中国来说，要完全避免外部金融风险的冲击是一项几乎不可能的工作。

0.1.1.2 金融风险因素的复杂化使得金融稳定工作的难度不断增加

随着国际经济金融环境的不断变化，不同时期的金融风险和金融危机往往具有不同的诱发机理和传导渠道。金融的本质特征决定了金融风险必然存在，各种错综复杂的原因决定了金融风险不可能完全被检测、预防、化解。

当前金融经济环境日益复杂，使得金融稳定的工作难度进一步加大，为了适应不断变化的经济环境，对金融稳定性进行研究就显得尤为迫切。

0.1.1.3 中国金融业的发展情况要求把金融稳定工作提上日程

中国金融业在市场快速发展和金融改革不断加快的同时，也暴露出较大的脆弱性。目前中国金融部门稳定性增强，但也不断暴露出潜在的金融风险：随着市场自由化进程不断加深，金融机构之间的关联风险逐渐增加；随着改革的深化和对外开放程度的加深，新的金融风险不断出现；不完善的市场风险防范机制和对系统性金融风险的检测和分析不断涌现出新的问题。正是由于金融风险的成因日益复杂化，尽快建立金融稳定体系框架，化解系统性金融风险，提高金融市场资源配置效率等问题就成了当务之急。

0.1.2 选题意义

本书试图在参考其他学者研究的基础上，结合中国国情，对中国处在特定历史环境中面临的金融稳定问题进行研究，试图找到既符合当前国家实际情况又能和国际上的金融稳定措施相一致的方法，既丰富金融稳定理论研究，又为中国金融稳定工作提供有益的参考，具有一定的理论意义与实践意义。

0.1.2.1 理论意义

国内外现有文献对金融稳定的研究已非常多，但对有些问题和现象还没有达成共识。比如“金融稳定”一词，目前在中国的理论、实务界并没有严谨的定义。西方发达国家的经济金融学者对金融稳定也没有统一、准确的理解和概括。金融稳定工作的开展在不同的国家也是不同的，每个国家所处的历史时期不同，特点也不一样。作为处于不断变革中的新兴市场大国，中国的金融稳定工作具有一定的特点和代表性，对中国金融稳定性的研究与分析将进一步丰富发展中国家金融稳定的理论体系。

0.1.2.2 实践意义

第一，自20世纪90年代以来，国际金融市场就处于不稳定状态，金融系统性危机在世界各地此消彼长，国际金融市场的系统性金融风险不断累积。从墨西哥金融危机到美国金融危机，危机波及范围逐渐增大，破坏力也日益扩大。一方面，金融危机的频繁爆发是对一国金融稳定程度的一种挑战。尽管金融危机的某些特征似乎年复一年“司空见惯”，但更多的情况是，每一次金融危机都有许多新的特点。这就决定了一国的金融稳定工作也要跟随时代的步伐，适应不断变化的全球经济金融环境。另一方面，金融危机的频繁爆发也是对一国金融稳定程度的一种检验，是对该国金融稳定工作成效的一种评价。因此，研究中国金融稳定性现状，对未来金融稳定工作的开展具有重要的现实意义。

第二，中国正处在经济和金融改革的关键时期，金融稳定是经济发展的先决条件。金融稳定，就是要在安全范围内对系统性金融风险进行控制。所以对金融稳定和金融系统性风险的研究，有助于对中国金融系统性风险进行识别，并加以控制和防范。这些研究对维持中国整个金融体系的稳定和发展有非常重要的现实意义。要了解金融稳定就要分析影响金融稳定的因素以及金融稳定的宏观基础与微观基础，这样才能从根本上找到维护金融稳定的对策。

第三，构建中国金融稳定性评估指标体系，有利于实时监控中国金融稳定现状和发展趋势，有利于掌握金融稳定工作的效率，有助于及时发现金融稳定工作中的问题，并采取必要的、适当的措施。因此，维护中国金融的稳定，对中国整体经济的发展有着至关重要的现实意义。

0.2 国内外相关文献综述

0.2.1 有关金融稳定概念的文献综述

金融稳定具有丰富的内涵，目前国内外学术界对于金融稳定还没有一个统一的、明确的定义。尽管存在不同的概念或者不同的阐述形式，但基本上“金融稳定”描述的内涵或特点都是相同的。

0.2.1.1 以状态特征来描述金融稳定概念

在这种理解方式下，金融稳定表现为一种状态特征。瑞典银行作为世界上第一家设置金融稳定部门和第一个推出《金融稳定报告》的中央银行，认为金融稳定就是“支付体系的安全与高效运转”。这是从金融最原始的职能与功能的角度来理解金融稳定的。无论是在早期社会还是在现代社会，支付体系的安全对整个经济体系的安全都至关重要，所以支付体系的稳定运行是金融稳定中的一个重要环节。但是把金融稳定的概念局限于支付体系的安全与稳定是有局限性的，忽视了金融本身的投融资特性及其对整个实体经济的影响。欧洲中央银行委员 Padoa-Schippa（2003）认为，金融机构、金融市场和市场基础设施运行良好，能够抵御各种冲击而且不会降低储蓄向投资转化效率的状态就是金融稳定的表现。国际清算银行前主席 Crockett（1996）认为，金融稳定要包括两个方面：一是主要的金融机构在金融体系中保持稳定；二是主要的金融市场保持稳定，金融市场中的交易行为都是以能够反映市场基本因素的价格成交的。英国经济学者 Foot（2003）认为，一个国家的金融稳定是在稳定状态的情况下，整体经济表现符合下列条件：一是货币币值保持稳定，币值变化幅度不大；二是失业水平与自然失业率接近；三是主要金融机构和金融市场都能发挥其基本功能；四是币值稳定程度和就业水平不会受经济中实物资产或者金融资产的相对价格变化的影响。英格兰银行副行长 Large（2003）认为，广义的金融稳定的概念是维持金融体系的信心。国际货币基金组织资本市场部经济学家 Schinasi（2003）指出，金融稳定就是能够对金融风险进行合理的定价、配置和管理，并能使这个国家的经济绩效逐渐提高的一种表现。

0.2.1.2 以功能特点来描述金融稳定概念

德意志联邦银行（Deustsche Bundes Bank，2003）认为，金融稳定是这样一种状态：金融体系能够使其资源配置、分散风险、便捷的支付和结算等经济功能得到良好发挥。挪威中央银行（Norwegian Central Bank，2003）认为，金融体系与实体经济部门之间没有相互干扰，并且可以进行中介交易，履行支付结算和风险分散等功能，就是金融稳定。Houben 等（2004）认为，如果一国处于金融稳定状态下，那么该国的金融体系就应该具有以下功能：一是能够有效地分配经济活动中的各种金融资源；二是能够对存在的金融风险进行准确评估和有效管理；三是能够承受各种各样的内部冲击和外部冲击。他们还指出，金融稳定是金融体系对金融风险进行综合性评估和管理的一种有效配置；它在一个统一的机构仍然存在，随着时间的推移，以多种组合的形式出现，但是其构成要素是一致的。Schinasi（2003）则进一步提出，只要金融系统能承受经济不平衡因素造成的外部冲击，提高运营效率，继续履行对实体经济的作用，金融稳定就是金融体系在一系列不同层次中的稳健运行的状态。中国在 2005 年《中国金融稳定报告》中对金融稳定的定义是“金融系统能够有效地发挥其关键功能时所处的状态”。在这种状态下，宏观经济运行健康，货币和财政政策的效果显著，金融生态环境也得到不断改善，金融机构、金融市场和金融基础设施能够发挥资源配置、风险管理和结算支付等关键功能的作用，并且在受到外部冲击时，金融体系都能够吸收这些冲击的影响，并使金融系统处于平稳运行的状态。

0.2.1.3 从反面的角度来描述金融稳定概念

相对于“金融稳定”，“金融不稳定”似乎更容易被定义，因为金融不稳定的表现和特征更容易被发现和描述，所以有许多学者从金融不稳定的角度来定义金融稳定。米什金（Minshkin，1999）认为，金融不稳定的主要原因是各种复杂因素的干扰，这些干扰因素对经济造成一定的冲击，并阻碍了信息的传递，导致金融系统不能正常发挥其功能。Chant（2003）认为，如果金融体系不能正常运行并且对实体经济产生负面影响或者存在风险隐患，这种状态就是金融不稳定状态。美联储董事会前主席 Ferguson（2002）认为，金融不稳定的特点主要表现在三个方面：①某些重要金融资产的价格过高或者过低，严重偏离经济基本面；②金融市场不能正常运行，信贷资金的来源和额度受到严重影响；③总需求与总供给严重不平衡，社会总需求远高于或低于一个经济体的潜在的总供给水平。Crockett（1997）则认为，金融资产价格的波动无法与金融市场参与主体的预期价格保持一致，金融机构无法履约或者金融市场交易不活跃，这种情况就是金融不稳定。金融体系的金融不稳定是对实体经济部门的负面影响，主要有以下四个特点：①对实体经济部门已经造成事实上的负面影响；②实际表现出来的负面影响要比潜在的危害小；③这种不稳定，可能是银行的不稳定造成的，也可能是非银行金融机构等金融体系构成要素的不稳定造成的；④银行并不是唯一需要密切关注和密切联系的，但是一旦支付系统发生危机，就将传染到整个金融系统，这个时候就应该引起高度重视并对银行进行密切关注。

0.2.1.4 以影响因素来描述金融稳定概念

Duisenberg（2001）对金融稳定的看法是，金融稳定是指构成金融系统的各参与主体能正常地进行金融活动且各构成要素都能平稳地运行。Foot（2003）指出，金融稳定和货币币值稳定在很大程度上是一致的，因为如果金融体系稳定，货币就能充分地发挥其相关职能。美国国家经济研究局（NBER）的 Bordo 等（1999）认为，银行的挤兑和对高能货币的争夺都能引发金融危机。也有其他学者从物价稳定和银行稳定的角度来理解金融稳定，并认为金融稳定的核心就是银行稳定，金融稳定的重要条件就是物价稳定。

0.2.1.5 从金融稳定的原则的角度来描述金融稳定概念

Schinasi（2003）在《金融稳定的定义》中提出了定义金融稳定的五项原则：一是系统原则。广泛的金融稳定，涉及金融系统的每个组件以及金融基础设施，包括有关的金融监管法律制度、组织结构、金融机构和金融市场等，所以在定义金融稳定时需要具备系统、全面的观点。二是币值稳定原则。金融稳定和货币稳定是密不可分的，金融体系的良好运行和支付结算功能的充分发挥有赖于货币的稳定性。三是抗冲击原则。金融稳定要求不会发生大的金融危机，还要求金融系统本身可以承受和吸收小的冲击带来的不平衡。四是不损害实质经济原则。对实体经济的影响是评价金融稳定的标准，如果一个市场中实体经济没受到伤害，即使出现了市场价格的波动或金融机构的倒闭等情况，也不应该看作金融不稳定。五是动态影响过程。金融稳定是一个连续的、系统的、动态的概念，不是一个离散的、绝对静态的概念，对金融体系而言，并不需要每一个金融体系参与主体在所有时候都保持最佳运行状态。

0.2.2 从不同的视角研究金融稳定的文献综述

0.2.2.1 从金融结构的视角研究金融稳定

Goldsmith（1969）开辟了对金融结构的研究，并发表了金融学经典著作《金融结构与金融发展》。Demirgüç-Kunt 和 Levine（1996）利用 155 个国家的相关数据和资料来证明 Goldsmith 描述的金融结构与经济发展的关系。研究结果表明，随着财富增加的速度加快，在银行、非银行金融机构和股票市场规模越来越大的国家，其金融体系的功能能得到更充分的发挥，金融服务效率也更高。后来很多经济学家也从不同方面来研究金融结构问题。在西方金融结构与金融发展理论的影响下，中国学者也开始研究金融结构与经济的关系。王兆星（1991）从宏观、中观、微观这三个角度来研究中国的金融结构改革思路。王国言（1998）基于成本—贡献假说提出了金融系统走向不稳定的结构成长路径，具体分析了金融结构所引致的风险。方贤明（1999）从制度演变的角度研究金融结构，认为由于在不同的所有制条件下资源配置的方式不同，金融结构可以分为三种类型，即资本主义市场经济的金融结构、传统的不发达社会主义计划经济的金融结构和社会主义经济转轨时期的金融结构。董晓时（1999）从三个方面来分析金融结构即主体结构、客体结构、联系结构，并指出，金融结构的运行必须和它所处的社会基础环境如社会文化背景、社会制度、经济发展基础等相适应。李量（2000）认为一个国家的金融结构是由一定时期各种金融工具、金融市场和金融机构的形式、内容、相对规模和比例构成的，而且这样的金融结构构成情况在一定程度上反映了该国的金融功能和效率，也反映了该国金融体系在经济中的地位。张立洲（2002）主要从宏观和微观两个角度来理解金融结构。宏观层面的金融结构是指各类金融机构，金融业务，金融工具，金融资产的比例、关系及其变化趋势；微观层面的金融结构是指各种宏观层面的内部结构、比例及其变化趋势的一部分。白钦先（1989）提出了金融倾斜的概念，并致力于对金融倾斜及其逆转问题进行研究，为金融稳定研究提供了一个新的视角，并在之后的研究中认为金融相关要素的组成、相互关系及其量的比例就是金融结构。何林峰（2006）认为金融体系功能的正常运行、稳定发挥及金融结构决定金融功能，而且这一点才是金融稳定的实质内容。他对金融稳定与金融功能、金融结构三者之间的联系进行了详细的阐述，对于当前不利于中国金融稳定的金融结构性因素进行了具体的分析，并提出了结构调整的思路。凌杨斌、李阳（2005）认为，在中国金融结构中存在的主要问题是：以间接融资为主，直接融资不足；资本市场层次较少，银行产权结构以国有产权为主，银行收入结构以利息收入为主。他们认为这些层次的不平和都会对中国的金融稳定产生重大的影响。白钦先、张润林、杜欣（2006）针对金融结构变迁对金融机构、金融市场和货币政策效果这几个层面的影响机制进行分析，最终得出的结论是金融稳定与金融结构之间的关系密不可分，而且维护金融稳定的手段之一就是优化金融结构。应寅锋、刘诗音（2006）通过研究金融结构功能发挥与金融稳定之间的关系，认为金融结构与金融稳定和整体经济之间都是相互影响的。卢小兵（2006）从融资视角出发，对中国的金融结构与金融稳定进行了剖析。通过对金融运行的实证检验和分析，他认为，两种金融结构——银行和金融市场事业部都有各自的优点，只要它们符合金融资源的有效配置、满足金融结构与经济发展的需要，金融结构不需要人为地分割。转化投资的高效率和资源配置的低效率是中国金融体系存在的一对突出矛盾，这个矛盾对中国金融稳定的负面影响较大。朱孟楠、蔡丛露（2007）从理论和实务的角度分别探讨了中国银行业市场结构与产权结构对金融稳定的影响。

0.2.2.2 从金融自由化视角研究金融稳定

Alejandro（1985）意识到金融自由化带来的金融风险是巨大的。他在《送走了金融压抑，迎来了金融危机》一文中，通过对20世纪70年代智利金融自由化的研究，发现金融自由化的早期做法导致了金融危机。Caprio和Klingbiel（1996）发现20世纪70年代后，银行脆弱性充分显现，危机频繁爆发。在金融自由化与金融脆弱性相关性方面，Kunt和Detragiache（1997）是最早开展系统研究的学者。他们发现，突然改变真实利率会导致资金流出，银行流动性、高比例的私营部门贷款、高增长的信贷规模以及金融危机等因素也都有显著的影响。Caprio 等（1999）认为金融自由化的进程不仅对金融部门有显著影响，还影响了整体经济的运行。Weller（2001）认为实行金融自由化之后，新兴经济体的金融体系波动，发生危机的可能性更大，这个结论是基于对 1973—1998 年 27 个新兴市场经济国家的经济数据的分析得出的。Dooley（1996）和 Rossi（1999）的研究共同指出，金融自由化的负面影响往往出现在金融体制不完善的国家或地区中。他们的研究表明，金融自由化虽然不一定会带来金融危机，但是一旦金融自由化与糟糕的政策和制度环境相结合，将有一个大的风险。这些负面影响是一种隐性的金融约束，在金融自由化程度较高的环境中，制度和政策之间的不协调会特别明显。

在金融自由化、资本账户自由化方面，和国外的研究相比，国内研究相对滞后。黄金老（2001）研究了金融自由化对金融脆弱性的影响，并出版了《金融自由化与金融脆弱性》一书。这本书对利率市场化、合业经营与金融创新、机构准入与自由化、资本账户自由化与金融脆弱性的关系进行了研究，并利用金融脆弱性学说的理论分析了中国金融实践中的金融脆弱性问题。卫红（2002）从金融自由化改革风险的角度，为金融脆弱性的金融自由化改革的结果提供了一个解释的理论框架。卫红还把金融体系结构划分为制度性结构、资金配置结构和信心结构三个层次，其中制度性结构又可以划分为金融监管结构和交易结构。王洛林、李扬（2002）通过深入分析 1997 年亚洲金融危机，论证了金融自由化与金融危机之间的相关性问题。王国刚（2003）阐述了资本账户开放的实践，以及当前形势下资本账户自由化的开放情况，并针对中国的现实提出了相关政策建议，如开放的顺序和步骤等。张礼卿（2004）结合 20 世纪 70 年代以来发展中国家的相关实践经验，对资本账户与金融不稳定之间的关系进行了实证研究，详细说明了资本过度流入对宏观经济、微观经济和金融部门的不利影响。与此同时，张礼卿还探讨了金融自由化进行渐进开放的前提、顺序和相关政策的安排。汤凌霄（2004）认为，外资银行的进入对国内金融市场的稳定产生了非常大的影响，所以不能忽视外资银行系统性风险监管制度的确立。

0.2.2.3 从政府行为视角研究金融稳定

Fruedman 和 Schwartz（1963）在研究美国大萧条时指出了政府在危机演进和救助中的作用，他们认为，美联储将第一层次银行危机引向第二次银行危机和更严重的大萧条，但是罗斯福新政挽救了即将发生严重金融危机的美国。Lewis（1955）曾说过："在稳定的社会中，政府不能随心所欲地去干预经济的发展……但是整个经济社会在不断变化，在这个变化过程中政府虽然不能完全干预经济但是对于出现的问题不能熟视无睹。"Bordo、Eichengreen 和 Klingebiel（2001）通过对金融危机史的研究发现，金融危机发生后，其后续对经济的影响要持续 2~3 年，还会迫使经济增长变缓，一般能减少正常国内生产总值的 5%~10%，所以金融危机和经济衰退之间有比较明确的因果关系。他们认为，政府这只"有形的手"应该进行适度合理的干预，这样才会减轻金融危机对整体经济产生的负面影响的程度。国际货币基金组织的研究表明，在发生系统性金融危机事件时，政府干预是解决危机的积极政策，还是解决金融市场缺乏流动性的关键所在。何德旭、郑联盛（2009）认为，在金融危机期间，政府的作用是不可替代的，而且他们认为，从一定意义上说，政府不仅是危机救助中的"最后贷款人"，还能吸收金融危机带来的负面影响。

Schinasi（2003）认为，对于维护金融稳定，央行有着不可推卸的责任，因为央行拥有唯一的货币发行权，要维护货币在整个流动过程中的每个职能，尤其是支付职能，还要保持货币的流动性。货币政策在执行过程中遇到困难的话，央行的作用非常关键，要发挥经济政策的作用，保障货币政策目标的实现。此外，货币稳定和金融稳定之间存在着一定的关系。金融风暴后，信心崩溃的居民往往希望获得流动资产或者变现能力强的资产，手中就会持有大量现金，这样就减少了银行的资金来源，银行信贷规模就会收缩。在这个过程中，总货币供应量的突然减少必然会对经济造成一定的冲击导致经济收缩。因此，央行应该具备双重功能，一是保持货币稳定，这是必要的；二是保持金融稳定。Padoa-Schioppa（2002）认为，货币稳定就是金融稳定的前提和基础，市场主体对于币值的变化也在形成一个稳定的预期，并且币值变动幅度较小，促使实体经济能够正常运行，并为经济的可持续增长提供良好的条件。如果价格不是处于一个稳定的状态，市场变化的不确定性上升，金融活动如套利和投机活动会更加频繁，这将增加金融活动的活跃度，但也会增加金融体系的脆弱性。在通货膨胀时期，经济主体对经济的预期较高，对任何投资活动都充满信心，贷款人难以准确识别借款人的还款能力和项目的投资价值，信贷质量无法得到保证。在通货紧缩时期，一方面，实际债务增加，很多借款人无法及时足额偿还贷款，濒临破产，可能导致债务危机和金融危机；另一方面，现金存款超过银行存款，银行存款吸引力下降，会带来银行的流动性问题并降低银行的利润。因此，只要实现了货币稳定，货币政策就可以确保金融稳定。Ferguson（2002）认为，中央银行要发挥双重功能才能维护金融稳定，一是防止不稳定的情况发生，二是在发生了不稳定时及时采取适当的措施处理不稳定的情况和出现的后果。在“防止不稳定的情况发生”这个功能方面，央行应该采取稳健的宏观经济政策，并进行金融调控和监管，完善金融基础设施，提高其运作效率。这些行动将有助于降低风险，促进金融稳定。在发生了不稳定之后，中央银行可以利用货币政策，以减少不稳定对经济和金融的影响。当这种不稳定效应扩大或者负面影响很大时，央行应采取积极措施提高金融体系的流动性，发挥“最后贷款人”功能，避免银行倒闭。

国际货币基金组织在2006年构建了全球金融稳定性指标，用来衡量一个国家金融系统的稳定程度。这个指标包含了12个核心类指标和27个鼓励类指标，但由于各国具体条件不同，特别是会计标准和数据收集存在差异，金融稳定性指标的计算也较为有限。欧洲央行（ECB）在2006年扩充了国际货币基金组织的金融稳定性指标，建立宏观审慎指标来衡量成员国的金融稳定性，这个指标比国际货币基金组织的指标包含的内容更多，但是这两者还是围绕一个统一的基础来进行编制的。每个国家有不同的国情，所以很难选择统一的具体指标。在国际货币基金组织和其他国家的金融稳定性指标和宏观审慎指标的基础上，国外一些学者开展了一系列有益的探索和研究。Illing和Liu（2003）以加拿大为研究对象，创新地提出并设计了一个金融压力指数(Index of Financial Stress，IFS)。Van den End（2006）构建了“金融稳态指标”，运用这一指标检验荷兰银行的稳定性。这个指标建立在国际货币基金组织的金融稳定性指标基础上，选取了利率、实际汇率、房地产价格、股票价格波动等指标。Matthieu和Marce（2006）采用多项logit模型建立金融风险预警系统，实证分析表明，基于多项logit模型，金融风险预警模型能够预测大部分20世纪90年代新兴市场国家样本内和样本外货币危机的发生。Elboume等（2008）利用金融稳定和宏观审慎指标建立金融稳定指数，对1997—2006年捷克共和国的金融稳定性指标进行了研究。Philip和Dilruba（2008）利用logit模型和信号法（KLR）构建金融风险预警系统，认为必须充分考虑决策者建立金融风险预警模型和发展的目标，实际GDP增长与贸易相关的指标是一个用来预测银行危机很好的指标。

根据 Blinder（1999）、Vinals（2001）和 Crockett（2000）的研究，短期存在预期的经济实体，可能出现金融不稳定和货币稳定并存的局面。最近二十多年来，不少国家虽然都在一定程度上控制了通货膨胀，但是金融危机还是无法避免。这种情况可以解释为，政府当局所采取的货币政策实现了货币稳定，但不一定能够实现金融稳定。也有学者认为，正是实现货币稳定所采取的货币政策才造成了金融不稳定，也就是说货币稳定可能是金融不稳定的原因。Issing（2003）解释了"新环境假说"的内容。人们的预期可能产生资产价格泡沫，这个时候通胀压力并不明确，只是人们的预期比较强烈，所以，一个货币稳定的环境下可能存在金融不稳定，通货膨胀率较低且变动幅度不大可能会使金融系统更脆弱。因此，央行只专注于控制通货膨胀是不够的，而应关注金融失衡，了解造成这种现象的原因，防止和消除它们之间的金融不稳定因素。

0.3 本书框架设计及内容

本书共分为 3 个部分。

第 1 部分是导论，主要介绍了本书的选题背景及意义，并对国内外的相关文献进行了查阅和研究，接着介绍了本书的框架设计及内容、研究思路和所运用的方法，最后介绍了本书的创新和不足之处。

第 2 部分是正文内容部分，分为 9 章内容：

第 1 章是金融稳定的相关理论。主要是试图整理和介绍有关金融稳定的相关理论内容，目的是为以后章节的分析和阐述提供理论上的指导。主要内容包括：阐述了金融稳定的定义及内涵，对金融不稳定根源的理论作了解释，分析了金融稳定的宏微观基础和中央银行对金融稳定框架的维护。

第 2 章是影响金融稳定的因素。影响金融稳定的外部因素主要是社会因素、制度因素和经济因素，经济因素中的重点就是国际资本流动；内部因素主要是利率市场化、金融结构、金融创新、金融业、金融市场、金融基础设施等。

第 3 章是国际资本流动与金融稳定。指出了国际资本流动的概念及相关理论，然后从宏观和微观两个层面分析了国际资本流动对金融稳定的影响机制。

第 4 章是利率市场化与金融稳定。首先介绍了利率市场化的提出背景和概念解释，并对其特征进行描述；其次从利率市场化的阶段性风险和恒久性风险两个方面来分析其对金融稳定的影响。

第 5 章是金融结构与金融稳定。本章是站在金融结构的角度来探讨金融稳定的。首先对金融结构的概念进行了阐述；其次对金融结构变迁的原因进行了分析，并分析了金融结构的变化对金融稳定的影响，为从改变或者优化金融结构的角度来保持金融稳定性提供了一定的理论基础。

第 6 章是金融创新与金融稳定。首先引入金融创新的概念、背景和理论基础，其次分析了我国的金融创新现状，最后阐述了金融创新对金融稳定性的影响。

第 7 章是金融稳定评估的指标体系。前面章节把对金融稳定的定性分析作为重点来进行介绍，然而仅仅对金融稳定进行定性分析是远远不够的，本章从定量的角度来介绍对金融稳定的评估。在借鉴其他国家对金融稳定评估指标体系的研究的基础上，参考国际货币基金组织 FSAP 框架，构建符合我国实际情况的金融稳定评价指标体系，并提出我国金融稳定评估需要完善的地方。

第 8 章是中国金融稳定性现状分析。从金融业、金融市场、金融基础设施和宏观审慎管理四个方面分析了目前中国金融稳定的现状，并指出了存在的问题。

第 9 章是维护中国金融稳定的对策。在前几章对金融稳定进行研究以及对我国金融稳定状况进行分析的基础上，针对我国金融稳定中出现的问题和发展进程，提出适合我国维护金融稳定的一些政策和建议。

第 3 部分是结论，对本书进行一个简单的总结。

0.4 本书研究思路与方法

0.4.1 研究思路图

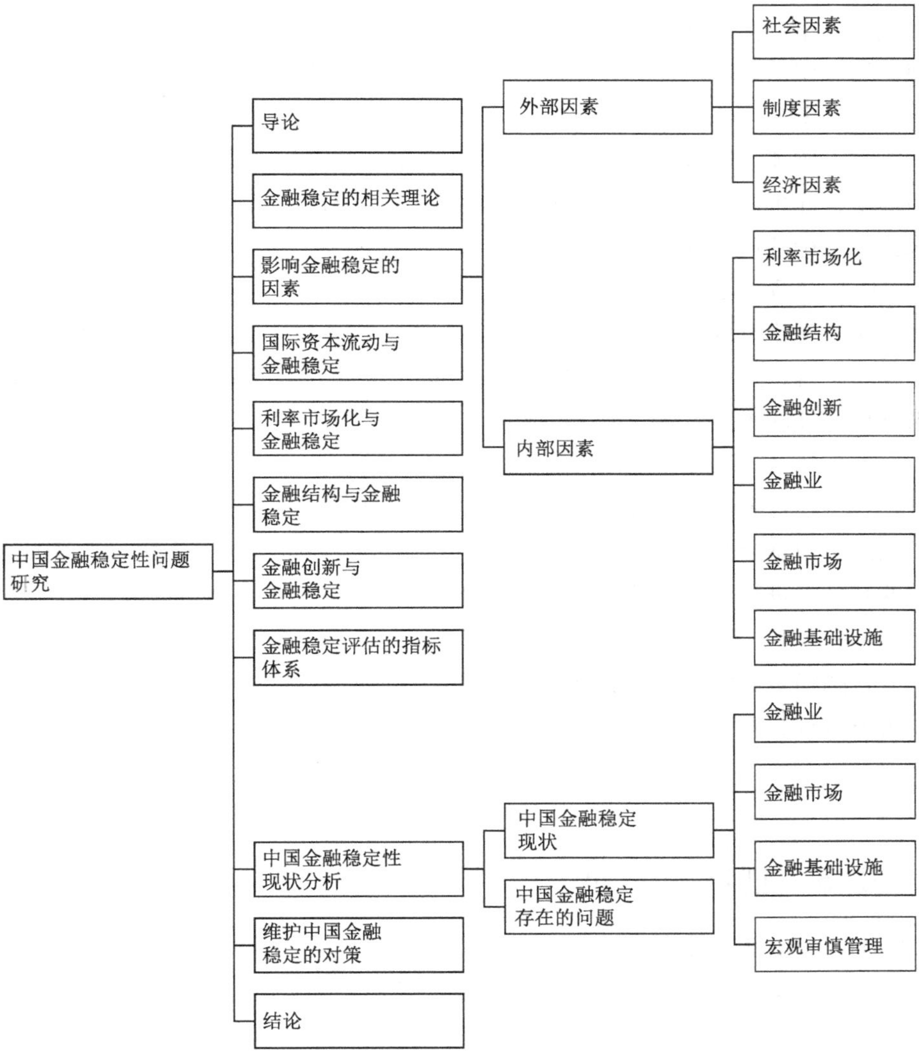

图 0-1 研究思路

0.4.2 研究方法

0.4.2.1 宏观和微观分析结合

金融稳定本身是一个宏观概念，但对它进行研究也不能缺少微观基础。本书从影响金融稳定的因素入手，探寻内部因素和外部因素，为宏观概念找到微观基础，并从宏观角度为微观研究提供指导。保持金融稳定是政府努力实现的动态目标，不是一个短期的概念，只有在短期和长期对金融稳定的宏观、微观层面均进行分析，才能达到全面分析的目的。

0.4.2.2 理论和实践结合

本书阐述了影响金融稳定的内部因素和外部因素，得出了一个可以借鉴的理论，并把理论和中国的具体实践相结合，用理论来指导实践，并以实践来验证理论的可行性。

0.4.2.3 定性和定量分析结合

对金融稳定的影响因素和指标设定的研究，较多地采用定性分析的方法，对中国金融稳定现状的描述则采用的是定量分析的方法，利用统计数据来分析定性的内容。

0.4.2.4 比较研究法

本书在对金融稳定评估指标体系的研究中采用了比较研究法。主要借鉴了国际货币基金组织和其他国家设计的金融稳定评估指标，在纵向与横向比较的基础上进行客观的评价，探索适合中国的金融稳定评估指标体系。

0.4.2.5 逻辑和历史结合

金融稳定既涉及理论，又涉及实务。这些理论和实务都有其形成和发展的历史过程，本书同时根据逻辑思考探讨了其内在规律性。

0.5 创新与不足

本书的创新之处在于：

第一，要探讨金融稳定方面的内容，就要了解影响金融稳定的因素，主要从外部因素和内部因素这两个方面来阐述。外部因素包括制度方面、社会方面和经济方面等，其中经济方面的主要因素就是国际资本流动；内部因素主要包括利率自由化、金融结构、金融创新、金融业、金融市场、金融基础设施等。因此，本书从国际资本流动、利率自由化、金融结构和金融创新四个视角来探讨它们与金融稳定之间的关系，试图建立更加宏观的金融稳定问题研究的视角与思路。

第二，在具体分析金融稳定的宏观基础时，重点分析了宏观经济政策即宏观财政政策、货币政策和汇率政策对金融稳定的影响机制；在具体分析金融稳定的微观基础时，阐述了市场微观主体即居民、企业、政府的行为与金融稳定之间的联系。这样才能对金融稳定的整个运行框架和运作机制有全面的了解。

第三，在对中国金融稳定现状和存在的问题进行分析时，本书在选用数据和资料时，都力求采用公开披露的、最新的数据和研究资料，较为准确地评估了现阶段我国金融稳定的现状，重点阐述了中国金融业即银行业、证券期货业、保险业，金融市场，金融基础设施等方面的现状；较为全面和真实地反映了我国金融稳定存在的问题。本书坚持以发展的眼光研究问题，结合党的十九大会议精神，深化金融改革，为我国金融稳定的维护工作打好基础。

本书的不足之处主要包括：①本书试图从多视角全面地分析金融稳定，但是研究视角和结构的编排可能不具有完整性和科学性。②本书虽提到了金融稳定的指标体系和预警机制，但是由于本人掌握知识和资料有限，只是对其进行了简单的介绍，未能做深入分析。③对相关金融理论的引用和分析不够充分，由于掌握的计量经济学知识有限，未能建立计量分析模型，定性和定量的实证分析也有待加强。

以上这些不足和遗憾，正是作者今后需要努力的方向，力图对金融稳定进行更加科学、全面的分析，并对中国维护金融稳定提出行之有效的政策建议。

1 金融稳定的相关理论

1.1 金融稳定的定义及内涵

1.1.1 金融稳定的定义

很多国家都越来越重视金融稳定方面的工作并定期发布本国的金融稳定报告，中国也不例外。国内外学者也都积极参与对金融稳定的研究，但至今“金融稳定”在国际上还没有统一的定义。国内外学者主要是从两个方面对金融稳定进行解释的，一方面从金融稳定状态下的具体特征来描述金融稳定，另一方面从金融不稳定状态下的具体特征来界定金融稳定。具体的相关解释和定义如下。

1.1.1.1 从金融稳定状态下的具体特征来描述金融稳定

欧洲央行认为，金融机构、金融市场和市场基础设施运行良好，能够抵御各种冲击而且不会降低储蓄向投资转化效率的状态就是金融稳定的状态表现。[①] 荷兰中央银行行长 Welink（2002）认为，金融稳定是指货币能够正常发挥其在流动领域的支付手段职能，金融体系对内能够有效地分配资源，对外能够抗击各种冲击。Large（2003）认为只要保持对金融体系的信心就叫作金融稳定，金融稳定的威胁来自各种传染效应带来的冲击，最终导致对金融体系的信心丧失。金融稳定要包括两个方面：一是主要的金融机构在金融体系中保持稳定；二是主要的金融市场保持稳定，金融市场中的交易行为都是以能够反映市场基本因素的价格成交的。Foot（2003）认为，金融稳定应符合下列条件：一是货币币值稳定；二是失业水平与自然失业率接近；三是主要金融机构和金融市场都能发挥其基本功能；四是币值稳定程度和就业水平不会受经济中的实物资产或者金融资产的相对价格变化的影响。德意志联邦

① 向新民. 金融系统的脆弱性与稳定性研究［M］. 北京：中国经济出版社，2005：212-215.

银行（2003）界定金融稳定是这样一种状态：金融体系使其资源配置、分散风险、便捷的支付和结算等经济功能能够得到良好发挥，即使金融波动和深层结构转化过程对其产生了影响，这些功能也可以维持正常。Laker（1999）认为广义的金融体系的稳定是能够维持预期稳定，尤其是在发生实际产出的大量损失的时候还能避免对金融体系的影响和危害。刘锡良、罗得志（1999）认为所谓金融稳定应该是一种均衡状态，即影响金融稳定的各种因素包括利率、汇率、货币供给和外汇储备等在外部冲击不变的情况下和谐稳定。中国人民银行金融稳定分析小组（2005）对金融稳定的定义是：金融系统能够有效地发挥其关键功能时所处的状态。在这种状态下，宏观经济运行健康，货币和财政政策的效果显著，金融生态环境也得到不断改善，金融机构、金融市场和金融基础设施能够发挥资源配置、风险管理和结算支付等关键功能的作用，并且在受到外部冲击时，金融体系能够吸收这些冲击的影响并还处于平稳运行的状态。挪威中央银行（2003）认为，金融体系与实体经济部门之间没有相互干扰，并且可以实现中介交易、履行支付结算和风险分散等功能就是金融稳定。Schinasi（2003）认为，当内在的原因或者重大负面事件造成金融失衡时，金融体系能够自我解决和协调，使金融体系处于均衡状态，这就是金融稳定。Houben 等（2004）认为，在金融稳定的状态下，金融体系应该具备以下功能：有效地配置资源；管理和控制金融风险；承受各种各样的负面冲击。

1.1.1.2　从金融不稳定的具体特征来界定金融稳定

明斯基（Minsky，1994）认为，当金融系统的信息无法正常传递，或者金融系统无法正常地为生产性投资提供资金时，就是金融的不稳定状态。摩根大通集团总裁 Crockett（1996）认为金融不稳定表现为“资产价格的大幅波动”以及“金融机构困顿”这两种典型情况对经济部门产生的负面影响。哥伦比亚大学经济学教授 Chant（2003）认为金融不稳定是金融机构和金融市场遭受破坏，以至于金融体系不能正常发挥其融资功能。金融不稳定不仅影响金融机构的融资能力，还将使各种非金融机构包括家庭、个人和政府的财务状况恶化。美联储副主席 Ferguson（2002）认为金融不稳定的特点主要表现在以下三个方面：①某些重要金融资产的价格过高或者过低，严重偏离经济基本面；②金融市场不能正常运行及信贷资金的来源和额度受到严重影响；③总需求与总供给严重不平衡，社会总需求远高于或低于一个经济体的潜在的总供给水平。

由上述各位学者的观点可知，金融稳定是一个复杂的概念。本书认同刘锡良教授对金融稳定概念的解释，即，金融稳定应该是一种均衡状态，即影响金融稳定的各种因素包括利率、汇率、货币供给和外汇储备等变量在外部冲击不变的情况下和谐稳定。但是需要补充的一点是：在这种状态下，金融体系的所有资源都能够得到优化配置，重要性金融风险都能够得到防范和控制，并最终实现金融发展的目标。

1.1.2　金融稳定的内涵

根据以上对金融稳定的解释和阐述，金融稳定的内涵主要包括以下几个方面：

首先，金融稳定是一个系统、复杂的概念。要保持金融稳定，需要金融体系各个要素的相互配合和协调。随着金融主体的多元化和复杂化、金融工具的创新，要协调它们之间的联系需要采取各种各样的措施和方式，这些措施和方式之间也会相互影响。这就需要从全局、整体的角度来考虑，并考虑到各个方面，考虑到措施的制定及其作用时效以及各金融要素之间的传导程序和过程等。[①]

其次，金融稳定是一个动态、相对的概念。金融稳定是一种相对稳定而不是绝对稳定，金融体系有其本身的规律和周期，再加上外部环境的变化以及金融创新的发展，金融稳定也处在变化的过程当中。要保持金融稳定就必须既适应内部发展的要求又适应外部环境变化。因此，随着各种要素的变化及其对金融体系的影响，金融稳定的概念也是在不断发展和变化之中的。

最后，金融稳定能够带来经济效益并实现金融发展。如果一个国家的金融体系是稳定的，那么这个国家的金融资源配置也是优化的，并且其抵御各种风险的能力也是强健的。在这种情况下，无论存在什么样的风险和冲击，该国金融都能够化解这些问题，保持金融体系正常发挥功能，带来可观的经济效益，为经济发展提供稳健的金融支持，实现经济金融的发展。

---

① 张雪丽. 开放经济条件下的中国金融稳定研究［D］. 大连：东北财经大学，2007.

1.2 金融不稳定根源的理论解释

1.2.1 金融脆弱性理论①

20 世纪 80 年代初期，该理论形成。随着金融全球化、自由化的进程，金融危机不断爆发，并呈现出新的特点。从外部宏观经济角度来说，在解释金融危机发生的原因时，传统的经济理论显得越来越苍白，在现实面前黯然失色。研究者开始放弃传统的思维方式，寻找新的思维方式、新的视角，从内因即货币本身的脆弱性和金融制度自身的缺陷等方面来解释新形势下金融危机的根源。于是，金融脆弱性理论产生了，这个理论的出现给阐明金融危机爆发的原因带来了一线曙光。

明斯基（1986）把美国经济学家凡勃伦（Veblen，1904）提出的金融体系内在脆弱性的论述系统化，形成了金融体系脆弱性的假说，即明斯基假说。明斯基假说的意义在于，在一个经济周期中，投资必然有高潮和低谷，而相应的谨慎融资、冒险融资和庞资融资这三种融资行为不停换位，贷款的期限结构、数量结构与之不一致，某些银行的贷款总有无法及时跟上的时候，市场的忧虑与恐慌最终将导致金融危机的爆发。这也是金融脆弱性理论首次对金融稳定问题进行研究。根据明斯基的观点，代际遗忘、竞争压力以及金融机构和贷款人本身具有的内在不稳定性是金融脆弱性存在的三个主要原因。代际遗忘是指金融危机发生很久之后，人们就会忘记这次金融危机带来的恐惧、恐慌和混乱，目前的繁荣使得人们对经济金融的预期更加高涨，金融资产的价格就会在这种过度乐观的预期之下不断上涨，成为下一次金融危机的潜在诱因。竞争压力是指经济金融高度发展时期，整个社会的总需求急剧扩大，金融需求也越来越个性化和多元化，金融机构为了获取更多的客户就会想尽办法来提高自身的吸引力和竞争力，这个时候可能会作出很多不是很完善或很审慎的决策，这也为金融脆弱埋下了隐患。另外，金融体系要应对周

① 学术界对金融脆弱性的概念大体有以下几种观点：第一，狭义的金融脆弱性即金融潜在脆弱性，是指高负债经营的行业特点决定了金融业具有更容易失败的本性；第二，广义的金融脆弱性是指一种趋于高风险的金融状态，泛指一切融资领域包括信贷领域和金融市场领域的风险积聚；第三，从金融制度角度看，金融脆弱性是指金融制度、结构出现的非均衡导致风险积聚，金融体系丧失部分或者全部功能的金融状态。

期性的经济危机，这种周期性的经济危机都是金融机构和贷款人本身的不稳定性造成的，例如金融机构和贷款人出现的临时性的流动性问题等。

明斯基着重研究了资本主义经济，认为资本主义经济的金融系统本身存在金融不稳定，资本主义经济从过去到现在再到未来的发展过程都是靠金融连接起来的。① 投资是拉动经济发展的重要因素也是首要因素，商业银行通过吸收存款发放贷款来获取利益，企业从商业银行获得贷款进行投资和生产，并最终通过销售产品获得利润，即利润的实现主要来源于原始的投资，利润的实现决定了企业融资的成本收益情况，也决定了企业对下一轮投资收益的预期，从而直接影响了企业对再融资和再投资的成本、期限和规模等的决策情况。在企业不断借款和还款的过程中，经济也随之发展起来。

明斯基根据企业还款能力问题将企业分为三种类型：第一种是抵补性企业，这种企业是一种最为安全的借款人，因为在每一个还款期内，这类企业的债务总额总是小于它的预期经营收入。第二种是投机性企业。这类企业在其最初发展的几个还款期内，它的债务总额是大于其预期经营收入的，在这个阶段企业需要通过债务重组或者变卖资产来偿还债务，但是在度过这个阶段之后，企业的债务总额就会小于企业的预期收入，这样就能保证企业在以后的每个还款期内及时还款。第三种是庞资企业。这类企业的风险是最大的，此类企业的债务总额小于预期经营收入，在最后一个还款期之前，其举债总额不能用企业的全部营业收入足额还款，所以还需要最后一期的营业收入去弥补剩余的欠款。这个时候一方面企业需要借新债来归还旧债，以维持正常的经营秩序；另一方面如果企业最后一期的经营收入无法弥补欠款的话，企业就需要变卖部分资产来偿还债务，但是如果遇到资产价格下跌和利率上升的情况，偿还的债务就会相对增加，这个时候企业就有可能资不抵债。从这三类企业看，第一类企业所占比重越大，风险越小，经济金融发展越稳定；如果第二类和第三类企业所占比重较大，风险就比较大，经济金融的不稳定性就会增加，发生经济危机的可能性就比较大。

这三类企业的最大区别就是融资结构。根据明斯基的观点，在经济繁荣时期，融资结构也会发生变化，由第一类企业的融资方式向第二类和第三类企业的融资方式转变；经济繁荣会引发通货膨胀，政府会采取紧缩性政

---

① 滕晓东. 基于金融危机视角的资本市场政府管制研究——兼评政府审计“免疫系统论”[J]. 经济与管理，2009（6）：67-71.

策，这个时候是第二类和第三类企业占主导地位，这些企业为了偿还贷款或获得资金解决生产过程之中的资金流动性问题，可能会变卖企业资产等，从而导致资产价格持续下跌，最终可能导致经济危机。

戴蒙德和戴维格认为，银行是金融中介机构，其基本共识是把不具有流动性的或者流动性差的资产转化为流动性资产，然而，当资产和负债期限结构、数量结构不对称，不良资产或坏账使资产价值不抵债务价值时，银行就存在着潜在的信贷风险。如果银行的强制性准备金和资源储备及其产权资本的安全余量不能弥补银行的贷款损失，银行就失去了清偿能力，面临破产的风险。卡普林和莱希、基欧等认为，信息不对称情况下的预期会产生“羊群行为”。①

1.2.2 安全边界说

1997年科瑞格引用了“安全边界”这个概念，他认为安全边界的最全面的衡量手段是利息承诺的收益保障，提供一种保护才是安全边界的作用之所在。不管是借款方还是贷款方，对现金收入的说明以及计划投资项目的承诺是关键因素，只有对其进行仔细的研究，双方才可以得到共同的保护和保障，这就是安全边界。安全边界包含在借款人支付给银行的贷款利息中，也可以理解为银行收取的一种风险报酬。如果企业发生不测事件对企业以前的良好记录有影响时，安全边界能给银行提供一种保障。根据摩根规则，银行是否给企业发放贷款主要取决于借款人过去的信用记录而不是对未来的预期，这种风险评估方式说明银行更看重借款人的还款能力，也就是借款人本身的信用风险，而不注重所贷款项目的风险。经济繁荣时，银行家和企业家的想法得到进一步的肯定和助长，在这个时期具有良好信用记录的借款人越来越多，因经济扩张，其所需举借的款项就越来越多。经济的繁荣使得借款人和银行家的信心更加膨胀，风险比较大的投资项目也会得到银行的支持。即使这些项目的投资决策失误，其带来的损失也很快会被表面的繁荣所遮掩，而那些比较隐蔽的、缓慢的、潜在的风险正在侵蚀安全边界，这就引发了金融体系的脆弱性和不稳定性。当安全边界降到最低时，即使经济稍微偏离预期的发展，借款人也会改变原有的投资策略来支付所借款项，一旦这样

① 个别银行遭到挤兑的信号，很可能使大多数存款者认为其他银行也处于危险之中，个别银行的挤兑就会变成银行业的恐慌，由此产生银行业危机。

改变原有投资的行为也不能立即归还银行的借款，企业就会借新债还旧债、推迟投资计划或者变卖投资的资产来拖延支付承诺。如果资产价格降低，借款企业的实际债务负担加重，企业就有可能资不抵债，面临破产的风险，就有可能诱发金融危机。克瑞格认为，金融市场的脆弱性主要是银行只关注企业以前的信用记录这种不恰当的风险评估方式造成的。

1.2.3 债务—通缩理论

1993 年，世界上第一位数理经济学家艾文・费雪提出了通货紧缩理论。这个理论是在对 20 世纪 30 年代经济“大萧条”的原因进行分析的基础上提出来的。该理论将金融脆弱性与宏观经济周期密切联系起来，认为在经济繁荣时期，投资机会增多，企业为了获得更多的利润，从银行大量举债扩大生产规模或从事资本投机活动。虽然这时企业的账面负债率比较高，但是经济扩张时期一般流动性比较充足。流动性增强，物价水平就会上升，引起一定的通货膨胀。通货膨胀的存在使得企业的实际负债价值降低，这就会进一步刺激企业扩张或资本投机的积极性。如此一来，经济就会更加乐观地向上发展，开始这种循环向上的运动，最终使企业都处于过度负债的情况。这时企业如果要偿还巨额债务就可能会出现流动性问题，更严重的情况是大量企业为了偿还债务可能抛售资产，资产价格下降使企业资产大幅缩水、严重贬值；与此同时，企业债务水平随着流动性的问题得不到解决而相对提高，这时企业就要抛售更多的资产来弥补债务，陷入一个“抛售资产—偿还债务—资产价格下跌”的恶性循环中，最终导致债务通缩。① 债务紧缩最直接的影响是企业面临破产，人们投资信心丧失，投资和借贷行为大幅减少，手中持有的货币增加，货币流通减少，经济进一步衰退，引发金融危机。

从费雪的债务—通缩理论②到现代金融脆弱性理论，都是以过去一百多年，特别是20 世纪 30 年代初全球经济“大萧条”为背景，对传统市场经济运行过程中出现的问题进行的研究。但随着虚拟经济的不断发展，固有的经济理论和思维方式已经不能满足需求。与此同时，国际金融的经营活动和运行方式也在不断发生变化，金融脆弱性理论也逐渐不能解释新的变化和发展，开始面临新的挑战。

---

① 宋海，任兆璋. 金融监管理论与制度［M］. 广州：华南理工大学出版社，2006.

② 费雪. 大危机的债务—通货紧缩理论［M］. 北京：商务印书馆，1935.

1.2.4 信息不对称理论

20世纪初，经济学家就已经发现市场信息是不对称的，经济活动充满了不确定因素。芝加哥学派鼻祖之一奈特在1921年的《风险、不确定性与利润》一书中就指出，现实的经济活动充满了不确定性，一部分人会努力寻求更多更可靠的信息及追求获利机会。哈耶克批评新古典经济学的完全信息假设以及注重静态的分析方法，他在《知识在社会中的利用》一书中指出，虽然价格可以传递稀缺信息，但不能传达完全信息，每个人所拥有的或者所得到的信息都对其他人拥有相对信息的优势。

赫伯特·西蒙和肯尼思·阿罗等一批欧美经济学家率先质疑了充分信息的假设条件，任何经济行为和决策都不是确定不变的，也不是确定已知的，这是经济行为的基本特征之一。20世纪70年代后，乔治·斯蒂格勒、威廉·维克里、詹姆斯·米尔里斯等对这一问题作了进一步研究，认为执行经济行为的人和决策者的信息都是不充分的，并且相互之间的信息也是不对称的，信息具有不完全性，这种信息不完全性会影响决策的制定和执行效果，并且有可能导致市场失灵，从而影响市场的运行效率，使市场运行存在缺陷。米什金（1998）认为，当逆向选择的严重程度和金融市场的道德风险问题积累到一定程度时，就会导致市场无法在储蓄和投机行为之间进行协调，金融危机就会发生。

信息不对称就是在发生经济关系的双方中，其中一方知情，另一方不知情，知情的一方没有告知当事人并利用自己的信息优势谋取不正当利益。这个理论否定了古典经济学中的一个经典假设，即市场上所有的市场主体都能获取自己所需要的信息，而且这些信息都是免费的，信息都是完全的。然而信息不对称理论认为，在市场上，交易双方中总有一方获取的信息比另一方多，信息是不完全的，所以市场不一定会一直处于均衡状态。在金融市场上更是如此，一般来说，金融市场脱离了一定的经济实体，有其自身的运行规律和表现方式，在这个市场上人们的预期是市场发展的重要因素，而人们的预期也和其获取的信息的多少有关。这些信息影响了人们的市场预期和行为，同时影响了各项金融资产的价格。这种现象在金融市场上是广泛存在的，信息不对称问题无法从根本上消除，所以金融市场的效率大大降低，金融稳定性也受到影响，金融市场发展不均衡就会导致金融不稳定。

1.2.5 外部性理论

外部性的概念起源于亨利·西吉维克和阿尔弗雷德·马歇尔。[①] 1920年庇古在《福利经济学》[②] 一书中提出了内部不经济和外部不经济的概念，提出了边际社会净产值和边际个人净产值的概念，对边际分析方法进行了运用和解释，最终形成了外部性理论。正外部效应又叫收益的外部化，是他人在不参与经济活动主体的活动时所得到的收益，这个收益是由经济活动主体在从事经济活动时带来的；负外部效应是指他人不参与经济主体的活动却遭受到的损失，这种损失由经济活动主体在进行经济活动时把一部分活动成本转嫁出去而产生，然而受损失者也没有得到任何来自经济活动主体的补偿。

金融体系的负外部效应是指：金融结构的破产倒闭会引起一系列的连锁反应，首先会影响到货币信用，其次是货币信用紧缩，最后逐渐拖垮经济，影响经济增长。在信息不完全的条件下，个别银行破产有可能使其他银行持有悲观的理念，也使公众对整个银行业失去信心，进而影响到整个银行系统，就有可能会引发金融经济危机，这使得个别银行的破产促使整个社会受到牵连，整个社会的损失远远超过个别银行破产的损失。同时，公众由于对银行内部经营情况了解得不完全而产生担心，担心的蔓延就会引发挤兑风潮，出现传染效应和羊群效应，从而引起银行的大片倒闭和破产，引发金融危机，金融市场剧烈波动，金融不稳定加剧。

因此，这时金融体系的负外部效应就要得到限制，但是，要怎样才能限制住这样的情况呢？这时就需要一种市场外的力量来介入，也就是政府的力量。只有政府及时对各方面情况进行监督并向公众发布，才能有效避免因单个银行问题而引起金融危机。外部性理论在公共产品领域的应用非常广泛，并为政府监管提供了有力的理论依据，被视为政府介入的最充分理由。这一理念在许多国家的监管法规中体现了出来。如政府通过制定相关法律法规和政策，采取管制方法或者税收途径消除经济活动中产生的外部性的影响。

1.2.6 经济监管理论

由于市场存在缺陷，就需要政府介入来调节。将政府监管作为一种手段

① 马歇尔．经济学原理［M］．北京：商务印书馆，1987.

② 庇古．福利经济学［M］．北京：中国社会科学出版社，1999.

来降低或消除由市场失灵带来的代价，就证明了政府监管存在的合理性。政府管制的出现有其必要性，交易者之间信息不完全、信息不对称，可能无法作出理性的选择，需要政府的管制来调节，以促使经济活动的正常进行。这就促使了经济监管理论的出现。对经济监管理论最早的系统阐述来自 Olson（1965）的集团行为的逻辑学说。他认为要解释大家已经习以为常的现象就需要建立一套理论，政府不会站在公共利益的角度去考虑监管政策，它是从被监管对象的利益的角度来制定和实施监管决策的。奠定了经济监管理论基础的是斯蒂格勒 1971 年发表的《经济监管论》。斯蒂格勒认为："我们假定，政治体制是理性地建立起来并被理性地使用，即它是实现社会成员愿望的合适工具。"

捕获论或称追逐论，其中的"捕获"一词意味着有监管代理人形式的有效监管往往由被监管集团所控制。这一理论认为，被监管者从其自身的商业利益的角度而不是从公共利益的角度考虑，往往利用监管当局来达到其获利的目的。该理论的主要观点是：资本主义制度掌控在大企业或者大资本家的手中，而管制又是资本主义的一个重要特征，也就是说，管制也是掌控在大企业或大资本家的手中，成为他们用来获利的一种有效的、更为直接的工具。在管制政策刚开始执行的时候，被管制对象还是会遵从其规定和限制，但是时间一长，这些被管制对象就会找漏洞或钻空子，反过来利用管制机构的疏忽或漏洞来使其为自己服务，从而获取更高的收益。

特殊利益与多元利益论认为，银行的经营涉及许多存款者的利益，应当使大量的债权人拥有自己对银行的监督权。作为单一监管的政府机构和少数债权人能被银行部分捕获，而数量庞大的债权人则不可能都被银行捕获。他们为维护自己的利益，会特别关注自己的利益是否被侵犯，时刻对银行进行监督。然而，利用债权人来对银行实行监管的难度较大，实际上很难达到理论所述的效果。

管制的"寻租"① 理论，最早由塔洛克和安妮·克鲁格提出。麦克切斯内还提出了政治创租和抽租的概念。政府官僚为了自己私人的利益在规章制度或者招标竞标中设置隐性规则来引诱私人企业，私人企业为了获得这种增加其影响力或者收益的权力而向政府官员"进贡"，这些"进贡"就被称为政治创租；政府官员故意提出某项隐性政策，这项政策会使私人企业利益受

① 寻租的含义是人类社会生产中非生产性的追求经济利益的活动，或者是指那些维护既得经济利益或对既得经济利益进行再分配的生产性活动，即利用行政、法律等权力手段来获取经济利益。

损，在这种威胁之下，私人企业会作出让步，割让部分利益给政府官员，私人企业割让给政府官员的那部分利益就是抽租。寻租活动因为这两种方式的存在而变得普遍。在这两种方式的存在下，寻租活动有这样的共同特征：扭曲资源配置的水平，效率低下；社会资源耗费在对社会无用的活动上；会引发其他层次或方式的寻租活动，并有可能产生寻租竞争导致行政权力浪费，而私人企业则采取避租行动与之抗衡，耗费了更多的社会资源。在早期的寻租活动中，收益更多的是生产者，生产者之间的竞争使其获益，然而这些对消费者并没有什么好处。后来，管制理论的发展充分地考虑了消费者群体的力量以及他们在寻租活动中的作用。但不管怎样，对整个社会来说，寻租行为是一种无用功，不仅不会创造社会财富，反而浪费了社会资源，造成了社会福利的损失。作为管理权力的实施，金融管制中寻租行为同样大量存在，并阻碍了市场竞争效率和公平性。

管制理论的发展虽然表面上解决了金融市场发展自身存在的失灵和缺陷问题，但是政府的介入使原本不稳定的金融市场变得更加复杂和多元，影响了金融市场效率，使得金融不稳定状况更加复杂。

1.3 金融稳定的宏观基础与微观基础

1.3.1 金融稳定的宏观基础

从宏观的角度来分析金融稳定，主要是宏观经济政策与金融稳定之间的关系。从经济发展的历程来看，背离经济发展规律的经济政策会加剧金融体系的不稳定，适应经济发展规律的经济政策有利于金融体系的稳定。宏观经济政策是实现内外均衡目标的政策工具，金融稳定的宏观基础就是宏观财政政策、宏观货币政策和汇率政策。①

1.3.1.1 宏观财政政策

宏观财政政策对金融稳定的影响是复杂的。根据凯恩斯的需求理论，当经济层面需求不足时，通过扩张性财政政策，增加政府支出、增加赤字来提高一个国家的收入水平，有利于金融稳定。但是如果政府采取的这种赤字政策带来的支出收益比较低，那么这种方式就会降低经济运行的效率，增加经

① 刘仁伍．金融稳定：机理与评价［M］．北京：中国财政经济出版社，2007.

济和金融的脆弱性，还有可能引发政府债务危机，进而引发金融危机。当政府出现巨额财政赤字时，如果政府采取发行债券的方式来弥补赤字，一旦政府债券的购买方怀疑政府的支付能力，政府的融资行为就无法顺利开展，市场利率就会剧烈波动，引发金融体系的不稳定；如果政府采取向中央银行借款的方式来弥补赤字，就会增加名义货币供应量，引发通货膨胀。除了增加支出，减少税收也是一种扩张性的财政政策。减税政策不仅会造成私人部门失衡，还会造成政府部门失衡。政府部门的失衡会冲击私人经济部门，对私人投资产生挤出效应。如果政府这种间接支出的效率高于私人投资收益率，就有利于整体经济的发展，有利于金融的稳定；如果政府这种间接支出的效率低于私人投资收益率，就不利于经济的运行，并对金融稳定形成冲击。①

1.3.1.2　宏观货币政策

货币政策的目标虽然在各国还未达成共识，但不外乎就是物价稳定、经济增长、充分就业和国际收支平衡这其中的一个或者多个，货币政策的最终目标也是实现经济和金融的稳定发展。对于有多重目标的货币政策，各个目标之间的矛盾性和不可协调性使得货币政策对经济金融发展的影响也相对复杂。确定货币政策，首先就要确定货币政策的目标；要确定货币政策目标，就要考虑到经济金融发展的阶段和特征等，要综合考虑经济发展的各个方面。货币政策目标的最终实现不仅由货币政策制定者的行为决定，在很大程度上也依赖于货币政策传导机制。货币政策的传导机制最初是利率传导机制和信贷传导机制，缘于商业银行占主导地位时期形成的货币政策传导机制理论。最具代表性的是凯恩斯学派的货币政策传导机制理论。该理论认为，货币政策的传导主要是货币供给的变动影响利率，企业根据利率的变化来改变其投资行为，从而影响总支出和总收入。②

随着资本市场的发展和壮大，资产价格和财富逐步成为货币政策的传导途径，托宾 q 理论和莫迪利亚尼的财富传导理论是这一时期的货币政策传导机制理论。托宾将股票价格纳入传导机制，认为货币影响了资产价格，而资产价格的变动是实际投资变动最直接的原因，并最终影响实体经济和产出。莫迪利亚尼认为，金融财富，尤其是股票是一个人主要消费生活的一部分，货币政策的变化将导致股票价格的波动，进而影响消费者的财富，从而

① 陈志．金融稳定与币值稳定目标关系论［D］．北京：中国人民银行金融研究所，2006.

② 储结兵．货币政策传导机制效率的条件分析［J］．金融经济学研究，2003（2）.

影响消费。举例来说，紧缩的货币政策会使股票价格下跌，这时消费者的财富将减少，消费量也将减少。

当金融市场更加完善时，人们手中持有现金货币的意愿也会降低，货币学派的货币政策传导机制理论认为，个人和企业持有现金货币的意愿降低，现金支出就会增加，货币供给量也会增加，导致利率下降，企业投资增加，产出增加。①

在金融业逐渐开放、国际化的进程中，汇率也成为一个货币政策的传导渠道，影响一个国家的进出口，进而影响总需求。

总之，在金融结构发展和演变的过程中，不同的时期有不同的货币政策传导渠道。利率、信贷、货币供应、汇率等传导渠道一方面使货币政策传导更为顺畅，另一方面这么多传导渠道共同发挥作用增加了货币政策执行的难度和效果的不确定性。货币政策传导的出发点是中央银行的货币政策。中央银行是最为特殊的金融机构，它是政府的银行，要处理和政府之间的关系，同时也是一个国家机关，要考虑中央银行的独立性。独立性较强的中央银行，在制定货币政策时受其他因素的牵制较少，就能致力于货币政策目标的实现，这样制定出来的货币政策会更加有效，并能推动经济和金融的发展。独立性较弱的中央银行，在制定货币政策时受多种因素的影响，并受到多方的掣肘，制定的货币政策会带有明显的倾斜性，不利于货币政策目标的实现，也不利于维护金融运行的稳定。

1.3.1.3 汇率政策

其实汇率政策也属于货币政策，但是从开放条件的视角来考虑，汇率政策通过影响经济内外部均衡来影响金融稳定。固定汇率政策的支持者认为，固定汇率制度可以避免经济和金融措施实施带来波动的风险，并将对金融稳定的影响降至最低。发展中国家的金融市场不够完善，在国际市场上获取资金的途径也并非完全有效，如果采取浮动汇率制度，汇率的频繁波动会对国际贸易带来负面的影响，对经济紧缩的影响更为明显，所以对于发展中国家或者金融市场不够完善的国家来说，采取固定汇率制度能降低风险。浮动汇率政策的支持者认为，浮动汇率制度更灵活的汇率变化可以更好地适应经济发展，从而更有利于保持金融稳定。

除了汇率制度的选择会影响到金融稳定之外，资本项目的开放也会影响

① 张润林. 金融结构视角下的金融稳定研究［D］. 沈阳：辽宁大学，2007.

到金融稳定。资本项目的开放相当于扩大了市场，市场的扩大有利于分工的细化，分工更加精细就会提高效率。资本在全球市场上的流动，促进了开放国家的经济发展，实现了在全球范围内配置资源，所以越来越多的国家加快了资本项目开放的步伐。然而资本项目的开放虽能解决国内一部分资金需求和供给之间的矛盾，但是也会引入其他国家的金融危机，扩大了金融危机的传染性，从而影响了一国的金融稳定性。

1.3.2 金融稳定的微观基础

在微观层面，很多学者都是从金融机构或金融市场的角度出发来分析金融稳定的。金融稳定最重要的是金融体系功能的发挥，这些功能尤其是资源配置功能主要受市场主体行为的影响，而金融稳定的微观基础主要就是对市场主体各种行为的分析。在市场经济中，一般包括居民、企业、政府这三个市场主体。① 此外还要对金融机构的经济行为进行分析。

1.3.2.1 居民的经济行为

在金融市场中，居民是资金的盈余者。居民将其盈余的资金存入金融中介机构，再由金融中介机构将这些资金提供给资金短缺者。在这个过程中，金融中介机构通过调剂金融市场上的资金余缺来发挥资源配置的功能。金融中介机构对居民储蓄的运用不仅会影响到自身的资产负债结构，其信用创造机制也会影响到整体经济的稳定运行。如果居民储蓄大幅度减少，金融机构就会出现流动性问题，严重的可能引发清偿性危机，所以居民的行为也是影响金融稳定的一个重要因素。

如果居民有更好的投资方式或者能获取更多的收益，居民就会取出存款转向其他投资。单个居民发生这种行为不足以影响银行等金融机构的稳定，但是如果大批居民都采取这种行为的话就会影响银行系统的稳定性，这也主要是居民流动性需求的不稳定造成的。

居民获取的信息和银行获取的信息是不对称的。例如居民将盈余资金存入银行后就无法完全掌握这批资金的运用情况和获利情况，如果居民对银行有高度的信心，银行就将稳健地运行，而如果有负面的关于金融机构的消息，居民就会对这些信息非常敏感并立即采取行动，这将影响银行的稳定性。此外，信息不对称将导致金融市场和资产价格的波动，进而影响金融稳定。

---

① 刘仁伍. 金融稳定：机理与评价［M］. 北京：中国财政经济出版社，2007.

居民的资产结构和收入水平也会影响到他们的投资结构，从而间接地影响到金融体系。如 2014 年 3 月江苏射阳农商行发生挤兑风潮。该地区民间借贷纠纷频繁发生，周边担保公司和资金合作社的老板出现严重跑路现象，储户损失惨重。银行倒闭的谣言丛生，引发了居民和储户大规模从银行提取款项的行为。

1.3.2.2 企业的经济行为

在金融市场中，企业是资金的短缺者。企业获取资金的方式可以是借款等间接融资的方式，也可以是发行股票、债券等直接融资的方式。间接融资主要是在信贷市场上，直接融资主要是在金融市场上。企业资产和债务不匹配时就会出现不良债务，这些不良债务积累多了就会造成金融体系的不稳定。企业都是以营利为目的的，在其作出某项投资决策或进行某项投资项目时，需要对投资项目的预期收益率进行估计和判断，还要对企业的未来发展前景进行分析。在经济繁荣时期，企业的这些估计和判断都会过于乐观，使企业出现一些非理性的、错误的投资行为，这些非理性的行为都会引发金融体系的脆弱性。

在经济活动中，企业也有信息不对称的现象。例如在信贷市场上，企业为了获得所需资金会掩盖自身的经营问题，或者有意弱化投资项目的风险，或者强化其风险承受能力，就会使企业之间不能公平地获取信贷资金。这些是事前的逆向选择风险，在这个市场上同样也存在事后的道德风险。企业在获取资金之后不按照合同规定的资金用途使用资金，如果银行没有对企业进行有效的监督，企业的还款能力就可能受到影响，这会加大银行收回贷款的风险，使资金不能在需求者和供给者之间进行有效的流通，就可能引发金融危机。对于大量举债的企业来说，其较高的资产负债率也是金融不稳定的一个影响因素。

另外，管理制度不健全、管理混乱或者治理结构不合理的企业本身就有很大的风险，银行如果在信贷市场上给这种企业发放贷款，也要承担较高的风险。在现实生活中，房地产企业的发展更可能影响金融稳定。

1.3.2.3 金融机构的经济行为

在金融市场中，金融机构是一种特殊的企业，它的行为直接影响到金融体系功能的发挥。[①] 明斯基的金融脆弱性假说认为，金融业这种特殊性行业的

---

① 刘仁伍. 金融稳定：机理与评价［M］. 北京：中国财政经济出版社，2007.

特征决定了金融业具有内在的风险。金融机构存贷资金期限不匹配、对经济形势过于乐观的判断等造成的过度信贷都会给金融机构带来损失。

金融机构所处的金融市场也并不是一个完全有效的市场。有效市场假说主要针对证券市场效率进行研究。该假说根据信息集中度将证券市场效率分为三种：强态有效市场、半强态有效市场、弱态有效市场。强态有效市场是指证券市场价格能够完全充分地反映所有相关公司和参与者应该知道的信息，半强态有效市场是指证券市场价格能够反映相关公司公开的信息和历史信息，弱态有效市场是指证券价格能够反映该证券的历史价格和历史信息。强态有效市场在实际经济市场中也是不成立的，发达国家的金融市场也不是一个强态有效市场，因为金融业本身就带有自然垄断的色彩，而且规模也比较大，具有一定的垄断优势，不是一个公平的市场。

金融机构也存在信息不对称的情况。金融机构要维持信息透明度，还要对借款的资金使用、运作进行有效的监督，然而这在实际操作中没有被严格执行。另外，银行的经营者和管理者之间也存在目标不一致等信息不对称问题。金融机构的信息不对称问题会引发金融风险，风险不断累积就会引发金融危机。由于金融市场的非完全有效性，金融市场价格波动剧烈，逐渐与实体经济脱节，这些都会引发恶性循环，影响经济金融的稳定性。

1.3.2.4 政府的经济行为

在金融市场中，政府是一个交易主体，更是金融体系的监管者，所以政府的行为与金融稳定密切相关。在金融危机频繁爆发的经济体中，政府对金融体系的监管就显得尤为重要。不管是宏观审慎监管还是微观审慎监管，都要形成一套完整的监管体系，如监管的立法、制度的建立和健全、模式的选择等，以保障金融体系的运作，有利于保持金融稳定。

另外，政府对企业的干预也是影响金融稳定的一个因素。在新兴经济体中，大多数都存在政府干预企业的行为。政府通过信贷配给这种方式来调剂稀缺的信贷资金，把大部分资金用在具有发展优势的产业，或者国家积极扶持的产业上，相当于政府控制了资金的用途，过于强调信贷市场而忽视直接融资市场的发展。这样，经济风险更多地集中于银行业，银行对投资项目的评估、对风险的防范和控制都会流于形式，造成银行不良资产增加，威胁到金融体系的稳定。

1.4 中央银行维护金融稳定的职能阐述

1.4.1 中央银行维护金融稳定的原因

中央银行作为一国货币金融当局，存在的目的是保证经济和金融体系的平稳运行。当经济和金融体系独立运行时，容易发生极端波动的情况，尤其是有缺陷的货币体系和有权限的银行体系更加剧了金融体系的不稳定，造成金融恐慌。中央银行就是通过政府介入经济金融，提高金融体系的调控能力，来减少经济和金融体系的波动。

对于中央银行来说，它的具体目标是稳定的低通货膨胀、稳定的高增长、稳定的金融市场、稳定的利率和稳定的汇率。这几个目标中任何一个目标的不稳定都会造成系统性风险。系统性风险是个人和机构无论通过怎样的组合投资都无法规避的风险，中央银行就要减少和管理系统性风险。对于中央银行来说，要同时实现这几个目标是不可能的，因此就需要根据特殊的经济形势和经济发展需要来作出权衡，首先实现主要目标。

中央银行维护金融稳定不仅与其目标有关，还与其“最后贷款人”的职能有关。从历史的角度来看，中央银行最初涉足维护金融稳定的职能是发行纸币，随后货币发行的职能逐渐确立。中央银行成为“发行的银行”之后就要兼顾货币的稳定即币值稳定，设立明确的通货膨胀目标来完善其应承担的责任。在银行体系的发展过程中，中央银行与商业银行相互竞争，最终确定由中央银行来维护金融体系的稳定。中央银行垄断了货币发行权，商业银行参与创造货币，在这个货币流通过程中涉及了金融稳定。中央银行是“银行的银行”，其可以通过再贴现等政策来调控货币在商业银行间的自由流动，并为各银行之间的支付清算提供平台。中央银行是不为非银行金融机构提供服务的，主要是为了避免利率的冲突。另外，中央银行还要对商业银行进行审慎管理并对其稳健程度进行评价。

商业银行的存款货币创造能力加快了货币的流动速度，所以在实际经济中商业银行的货币流动量是总货币流通中占比最大的一部分。然而，货币流通速度与货币价值相关，货币价值又由商业银行的信誉决定，在这种情况下，商业银行功能的充分发挥以及稳健经营就需要中央银行的支持。如果商业银行出现流动性压力，就要中央银行充分发挥其“最后贷款人”的作用。

作为银行整体中不可分割的一部分，中央银行控制了整个国家金融体系的流动性。银行之间通过公共支付体系相互联系，而整个支付体系中最重要的就是货币的流转，中央银行通过支付体系将所有与货币流通有关的参与者都联系在一起，实现风险和收益的匹配。另外，资金或货币也是通过银行流动到实体经济或者其他领域的，这也是依靠中央银行的流动性实现的。对于单一货币的国家，整个金融体系的运行与公众对该货币和中央银行的信心有关。在金融发展初期或不完善的时期，金融市场可能处于分割的状态，如果金融业某一个部门的流动性出现问题就需要中央银行来协调，整个金融市场的流动性也是靠中央银行来协调的。中央银行维护了金融稳定，就能熨平经济波动。

1.4.2 中央银行维护金融稳定的职能

从中央银行的理论以及各国央行的实践经验来看，中央银行作为“最后贷款人”，为整体经济提供了一个弹性的货币供给制度。“最后贷款人”是商业银行解决流动性风险的最后一招，当商业银行遇到暂时的流动性问题时，中央银行将提供紧急援助。再贴现利率是中央银行“最后贷款人”职能最直接的反映，也是中央银行货币政策的工具，根据中央银行再贴现利率的变化就可以判断出中央银行实行的是扩张性的货币政策还是紧缩性的货币政策。对于商业银行来说，它们为企业客户提供资金支持，为企业的发展弥补损失、增加其流动性；对于中央银行来说，它们为商业银行提供资金支持，增加整个金融系统的流动性。如果商业银行存在流动性危机，中央银行就要提供资金援助。这既是中央银行对商业银行风险进行监管的一个方式，也是中央银行维护金融稳定职责的体现。

随着国际金融市场上的联系越来越密切，中央银行越来越难以维护金融稳定，金融体系的复杂性和创新发展，使得维持整个金融体系的稳定成为中央银行的挑战。从中国的实际情况来看，2003 年《中华人民共和国中国人民银行法》的颁布，以法律形式确定了中国人民银行维护金融稳定的职责。

金融部门评估计划是由国际货币基金组织和世界银行发布的，这个计划的主要目的是对成员国金融体系的各个方面进行评估，及时发现危机并采取应对措施，完善并健全各成员国的金融体系。Houben 等（2004）设计了一个中央银行维护金融稳定的分析结构，他们认为，中央银行要维护金融稳定，就要对宏观经济环境、金融市场、金融机构、金融基础设施进行检测和分析，然后进行综合评估，在此基础上设立预防、援救和处置这三种方案。在对金融体系进行恰当的检测和分析时，就要考虑到上述各个方面的状态及变动情况。如果评价得出的结果是金融体系在相对稳定或可容忍的范围内，中央银行就要采取预防金融不稳定的措施来履行其维护金融稳定的职责；如果评价得出的结果是金融体系在可容忍的边界上，说明金融体系的功能没有得到完全发挥或者金融体系的某些功能正在丧失，中央银行就要采取援救措施来使金融体系能够发挥其应有的功能以维护金融稳定；如果评价得出的结果是金融不稳定或者已经超出可容忍的范围，中央银行就要采取处置措施来及时处理金融体系出现的问题。根据中央银行采取的这些措施，可以将金融体系的风险分为三个阶段，即事前阶段、事中阶段和事后阶段。对于事前阶段的风险主要采取审慎的措施来加强防范，对于事中阶段的风险主要是采取为金融机构提供流动性支持的方式来遏制风险，对于事后阶段的风险主要是对问题严重的金融机构进行重组或者破产，启动存款保险制度保护居民和企业的利益，增强公众对金融体系的信心，维护金融体系的稳定。

2 影响金融稳定的因素

2.1 影响金融稳定的外部因素

2.1.1 社会因素

国家政局是否稳定、是否发生战争、国内是否处于和平的环境、整个经济基本面是否有重大问题等都是影响金融稳定的社会因素。政局的稳定性决定了社会公众的货币需求情况，当社会公众的货币需求发生变化，他们的消费和投资行为也会发生变化，这样就会影响整个金融业的正常经营秩序和发展状况。整个金融业是以信用为基础的服务业，如果社会信用体系不健全，金融业的不良资产增加，资本充足率下降，利润减少，影响的不仅是整个行业的发展，还因为不能为整体经济发展提供完善的金融服务，影响到整个经济的发展。如果整个经济基本面存在重大问题，社会总需求和总供给的变化会使整个宏观经济处于波动之中，不仅影响经济增长，还会使物价处于不稳定状态，不仅金融业不稳定，整个社会中的其他企业和行业都会陷入发展缓慢的困境。公众就会对经济发展持悲观的态度，经济低迷，金融体系不稳定。

2.1.2 制度因素

经济体制是一个国家经济金融发展的基础。自然经济体制、计划经济体制、市场经济体制是经济体制发展过程中所经历的三个阶段。不同的经济体制对经济金融的影响也不同。计划经济体制下，金融体系的发展以及货币的发行都是在计划中进行的，政府干预经济和金融的力度较大。在这种制度下虽然金融体系会处于表面的均衡，但是潜在的金融风险比较大。在市场经济体制中，虽说政府减少了对经济和金融的干预，但是由于金融发展的复杂性，中央银行维护金融稳定的工作更加困难。

财政政策也会对金融稳定产生影响。如果采取扩张性的财政政策，就会造成国家财政赤字，带动银行信贷资金和企业税后净利的增长，企业的现金流量增加，企业的财务实力提高。这样，企业就会扩大生产规模，促进金融业的发展。如果采取紧缩性的财政政策，就会减少银行的信贷资金或企业的税后净利，直接影响企业的经营绩效和现金流量，企业的资产负债表恶化并且会连累相关金融机构，使相关金融机构的不良贷款增加，影响相关金融机构的资产质量，并最终引起金融体系不稳定。

土地经营制度主要是通过土地使用制度和土地出让价格来间接影响金融机构的。在目前城市化的过程中，地方政府为了大力发展地方经济，以较低的土地出让金以及给予税收优惠的方式来招商引资。地方政府为了本区域经济的发展，大力支持房地产开发企业，造成房地产企业以及相关投资商的非理性投资行为。高涨的投资热情会使金融机构的信贷不断扩张，一旦金融机构的资金链断裂，这些投资就会面临重创，并随着经济周期的波动陷入恶性循环之中。

目前的企业产权制度与市场经济发展不太适应，若不能及时进行改革必然会造成社会资源的巨大浪费，使金融业甚至整个经济的稳定性都受到影响。

2.1.3　经济因素

影响金融稳定的外部经济因素中最重要的就是国际资本流动。在为各国经济发展提供资金并促进全球资本均衡配置的同时，国际资本流动带来的金融风险也成为一个棘手的难题。20世纪80年代以来，金融危机频繁爆发，虽然每次的表现形式都有所不同，但都与跨境资本流动有着密切的关系。这么多次的金融危机的经验表明，在内外各种因素的影响之下，国际资本大量地进入和出走都会对一国经济产生非常大的冲击，在一定条件下还有可能会触发货币金融危机，甚至政治危机、经济危机和社会危机。这就是国际资本流动冲击。国际资本流动冲击主要是指在短时间内国际资本流动的速度、方向和规模容易发生突然性的变化。例如，一个国家在宏观经济运行正常的情况下，由于投资的预期发生变化，投资突然撤离或者突然转向另外一个领域，再加上存在信息不对称的现象，羊群效应又会进一步放大这种后果，引发资金大规模的流动，在某些时候就会导致经济危机。①

2.2 影响金融稳定的内部因素

金融不稳定一部分源于金融体系外部的一些因素，这些因素对实体经济的直接影响转化为对金融体系的间接影响，另一部分源于金融体系内部的一些因素，这些因素直接影响金融体系的稳定。这两类因素相互作用，对金融稳定形成冲击。影响金融稳定的内部因素主要有利率市场化、金融结构、金融创新、金融业的发展、金融市场的发展和金融基础设施的情况。

2.2.1 利率市场化

大多数国家在推行金融自由化的进程中，首先要做的就是实行利率市场化。利率市场化是金融自由化的核心一步。利率是金融商品的价格表现，如果利率不能自由化，即金融商品的价格不能由市场来决定，金融自由化也没有意义。但是从另一个角度来看，利率市场化带来的影响也不完全是正向的。利率市场化能带动经济的增长，也能给整个金融体系带来一定的风险。利率市场化的结果是利率由市场决定，相当于给了商业银行决定金融商品价格的一种自主权，商业银行可以对不同风险等级的贷款人执行不同的利率水平，用高利息来补偿高风险。但这也是利率风险诞生的真实写照，正是利率风险的存在增加了金融脆弱性。

2.2.2 金融结构

如果一国的金融体系处于稳定的状态，那么这个国家的资金可以通过金融体系流向效率更高的部门，从而促进该国的经济增长，所以维持一国的金融稳定是促进经济可持续发展的重要前提。近几十年来，金融自由化步伐加快，金融全球化加速推进，金融创新的产品和制度大量涌现，影响金融稳定的因素也随之增加。

金融结构的变化和调整也是影响金融稳定的主要因素。一个国家的金融结构失衡不仅会导致该国金融体系的不稳定，甚至会成为金融危机的罪魁祸

① 李泽广，付飞，唐伟霞．资本流动易变性及其经济效应分析［J］．财经研究，2003（12）．

首。金融结构决定了金融体系功能的发挥，如果金融结构发生改变，金融体系的功能也会随之改变，就会影响金融效率的实现。此外，金融结构的变化还会引起金融结构风险的变化，这种风险主要是金融结构各要素在不同方面的匹配问题造成的。不同的金融结构就会导致风险处置的不同方式，如果金融结构失衡就会导致风险处置方式的非均衡化，削弱金融体系的稳定性。

2.2.3 金融创新

金融创新是金融发展的必然过程，金融各个层面的创新不仅为金融业注入了活力，还增强了国际金融市场和国内金融市场的活跃度，提高了金融市场的效率。但与此同时，金融创新也带来了新的金融风险，影响了金融体系的稳定。在金融发展过程中，一方面由于自我发展的需要产生了金融创新，打破了原有的金融稳定状态，引起了金融结构的改变，最终引起金融不稳定；另一方面当原有的金融稳定被打破，就会有干预的金融创新出现来维护金融的稳定，这个干预的力量可能来自政府也可能来自金融机构。所以在金融创新的过程中，要实现金融创新和金融体系各要素之间的良性互动，这样才有利于金融稳定。

2.2.4 金融业的发展

银行业的稳定是金融稳定的核心组成部分，因为在整个金融系统中，银行最基本的职能是聚集社会中小额的闲散资金并将其转化为投资。这也是一个国家经济发展中最为重要的融资渠道。虽然在实际经济中还存在其他的融资渠道，但是对于企业来说，它们大部分的融资是从银行借款的债务性融资。银行通过其对资金和负债的管理来创造流动性，在创造流动性的过程中就要面临挤兑的风险。如果发生大量的银行挤兑，就会促使银行收缩信贷，经济发展也会随之紧缩并引起金融市场的混乱。另外，银行也提供了各种交易的主要支付手段，如果银行遭受挤兑，就会破坏银行支付系统的正常运行，并通过这个系统将问题放大和严重化，将局部的问题带到整个经济层面上，引起整个经济的危机。

证券期货业为资金提供了更多的流动途径和机会，证券期货经营机构的相互竞争促使金融体系多元化发展。证券期货业通过筹集资金和流动资金为企业发展提供资金支持，还通过这个途径进行资源分配。证券业提供了不同的投资工具，有助于金融服务业的发展。在证券市场中，由于市场信息的不完全性和不对称性，大多数公众参与证券市场都是有投机目的的，投机者的频繁投机活动会导致证券价格的剧烈波动，影响金融业的稳定。

保险业在金融市场中的主要职能是经营和承包风险，就是将金融交易中的风险通过收取保费的形式转嫁到自己身上。所以保险公司如果能够合理有效地化解自身承担的各种风险，就有利于金融市场的发展和金融交易的顺利进行；如果不能合理有效地化解自身承担的各种风险，不仅不利于自身的发展，还会造成保险业的混乱或引发系统性金融风险。

2.2.5 金融市场的发展

金融市场的风险已经成为威胁金融稳定的重要因素。金融机构的多元化和复杂化、新技术的应用和对外开放的进程等都改变了传统的金融风险，带来了新的金融风险。金融工具的创新是金融发展的一种表现，虽然为金融市场的发展带来了一定好处，但是对金融稳定的影响也不能忽视。

货币市场上的金融工具都是短期的信用工具，流动性仅次于货币现金和存款，风险较小。货币市场作为金融市场的一部分，也存在着金融市场上共有的风险，如利率风险、通货膨胀风险等。在货币市场运行中，如果这些风险能够得到较好的管理，则有利于金融稳定；如果这些风险发生了扩散，那么就会影响到整个金融市场的稳定。

资本市场上的金融工具都是中长期的信用工具。资本市场上的风险主要来源于资本市场价格的波动和资本市场上的投机行为。资本市场价格的下降是资产质量恶化的一个信号，如果银行投资于资本市场，银行的资产质量就会受到影响。资本市场价格下降也会导致债权人或持股人的财富缩水，可能出现银行危机。对于资本市场上的投机行为，经济繁荣时，资本市场上的投资者预期资本市场价格会上涨，就会过度投机，使资产价格逐渐脱离实体经济，最终导致价格崩溃引起金融危机。

2.2.6 金融基础设施的情况

金融基础设施主要包括支付清算体系、金融法律法规体系、会计准则和标准、信用体系这几个方面。

支付清算体系是联系金融机构之间的桥梁，也是传染金融风险的一个端口。在国内金融机构之间，银行处于支付体系的核心位置，支付体系出现问题，银行就是最直接的反映者。一家金融机构出现问题会通过整个支付系统传染给其他金融机构，风险的规模会越来越大。国际金融机构之间主要通过外汇结算系统来处理跨时间和跨地域的金融交易，如果国际支付体系出现风险且没有处理得当，就会导致风险在国际金融市场中的传播。

金融法律法规体系是金融交易和金融市场运行的依据和规则。如果法律架构不完善，不仅会影响金融机构的内部管理绩效，更会影响整个金融系统的发展。没有完善的法律基础，金融市场中的信息就会缺乏披露，市场参与主体就无法得到更多、完全的信息，不仅会减少投资者的投资渠道，还会减少投资者的投资行为。这样的话，金融市场发展将更加不完善，金融业尤其是银行在面临冲击时将更加脆弱。

会计准则和标准为核算金融市场中参与者尤其是金融机构的财务质量划定了一定的标准。国际会计准则与财务报告准则的趋同，有利于国际金融市场和国际贸易的发展、资本的顺畅流动。

完善的社会信用体系有利于金融交易双方获得有效的信息来进行交易和投资。不完善的信用体系不能使金融市场上的参与者获得完全的信息，金融市场发展不完善就无法为整个经济的发展发挥其应有的作用。

3 国际资本流动与金融稳定

3.1 国际资本流动概述

3.1.1 国际资本流动概念

资本跨地区、跨地域、从一个国家或地区转移到另一个国家或地区就是国际资本流动。资本是用于生产商品和劳务的财富的总和，资本的本质就是获取最大收益。为了追逐最大的收益，资本就会不断流动。随着世界各国的发展，资本可以在全球范围内进行流动，这就产生了国际资本流动。

国际资本流动相对于国内资本流动来说要更为复杂，因为资本在国际上的流动涉及相关国家的汇率政策和国际收支问题。对于任何一个国家来说，国际资本流入和国际资本流出这两个方面构成了国际资本流动的循环。当资本输出国居民提供贷款给资本输入国居民，或从资本输入国居民获取财产所有权时，国际资本开始流动。① 这是《新帕尔格雷夫货币金融大辞典》对国际资本流动的定义，也就是说，购买力在国家间的转移就是国际资本流动。资本流入与资本流出两者之间的差额就是资本项目差额。资本项目差额表现在一个国家的国际收支平衡表中的经常项目差额项下。一个国家如果经常项目不平衡，一般情况下都是首先用资本项目差额来平衡的。

近年来，随着全球经济一体化进程不断加快，各国金融开放的步伐越来越快，国际资本流动更加频繁。尤其是随着全球证券市场的逐步发展，国际证券投资占比越来越大。如跨境股权资本流动是指在外国股票市场上购买企业股票的一种投资活动，是国际资本市场中证券市场资金的一部分，也是许多国家发展资金的重要来源。从资本的流向来观察，在国际股票市场上购买股票时意味着资本流出，在国际市场上发行股票时意味着资本流入。相对其

① 杨玉凤. 我国国际资本流入的虚拟经济效应研究［D］. 南昌：江西财经大学，2010.

他国际资本来说，跨境股权资本稳定性偏弱，一旦国际金融环境发生变化，投资者信心变动，就会很快改变投资决策，对国际金融市场稳定的影响不容忽视。

3.1.2 国际资本流动类型

一般情况下，国际资本流动按照时间长短可以分为长期资本流动和短期资本流动。长期资本是指到期期限在一年以上的资本，包括直接投资（实际资本）、证券投资（财务资本）、国际信贷（对外的债权债务）。短期资本是指期限在一年及以下的资本。

3.1.2.1 长期资本流动的方式

（1）直接投资

直接投资就是一国的政府或个人对另一国家的企业进行投资，并获得该企业的管理控制权。资本流入就是外国在本国的直接投资，资本流出就是本国在外国的直接投资。直接投资又可以分为：成立新公司，如设立分公司、关联公司、子公司或其他国家资本等合资企业；收购并拥有外国企业股权达到10%以上的投资；以投资利润对原有企业或其他企业进行再投资的行为；等等。

（2）证券投资

证券投资，也被称为间接投资，是各种投资和投资机构通过国际金融市场这个平台购买外国政府、企业发行的股票或中长期债券的行为。资本流入是指出售方的出售行为，资本流出是指购买方的购买行为。证券投资与直接投资最根本的的区别是：证券投资者能获取其所购债券或股票的利息、红利等，但对其所投资的企业并没有管理控制权；而直接投资者不仅要承担投资企业的盈亏，还拥有所投资企业的管理控制权。

（3）国际信贷

国际信贷是指期限在一年以上的放款活动，放款对象是国际金融组织、外国政府、银行、企业等非本国对象。包括政府援助贷款、国际金融组织贷款、出口信贷、租赁信贷、补偿贸易信贷等。

3.1.2.2 短期资本流动的方式

（1）贸易资金流动

主要是指资金和贸易资本的国际进出口贸易的结算，资金流向对短期资本流动起着决定的作用。因为绝大部分的国际贸易都要通过短期的商业信用与银行信用相结合的形式进行资金融通。

（2）国际金融机构往来

各国经营外汇业务的金融机构，由于外汇业务和获取利润的需要，不断地进行套汇、套利、掉期、多空外汇头寸的抛补和调拨、国际银行同业外来的收支和结算等。

（3）保值性资本流动

即资本外逃。资本外逃的原因是：一国政治动乱，资本外流以保证安全性；某一国家的国内经济状况恶化，通货膨胀严重，资本外流以求保值；某一国有外汇管制抑制了资本的运用。

（4）投机性资本流动

投机性资本流动就是各种投机者按照自己对国际市场行情变动的预期，在价格降低时买进以待价格上升时高价卖出，或逢高抛售以期在价格降低时低价补进，所引起的短期资本流动。投机资本的频繁流动会引起国际金融市场的动荡。在实践中，这些投机性资本流动和其他短期资本流动之间的界限是很模糊的。短期资本流动变化无常，其中投机性资本流动是最难掌握的，会对一个国家的货币供应量产生直接的影响，增加执行货币政策的难度。

3.2 国际资本流动理论

3.2.1 早期国际资本流动理论

早期国际资本流动理论主要是在古典政治经济学对重商主义的讨论时期建立的。早期重商主义者支持政府控制货币，禁止黄金出口，并建议成立专门的管理机构，加强外汇管制，控制货币的国际流动。晚期重商主义者主张以外币的形式提供贷款，通过收取利息获得更多的货币，他们认为资本和货币等值，主张货币产出是资本的输出。从 18 世纪到 19 世纪前半叶，古典学派在西欧国家产生了重大影响。大卫·休谟认为，只要世界各国保持贸易关系，通过汇率和国内货币供给函数的价格机制平衡贸易，一个国家货币支付的贸易平衡会自动调整，这是价格和现金流动机制。李嘉图认为，比较优势将使得国内投资者通过国际资本流动可以得到比国内投资更高的利润。西斯蒙第指出，货币供给太多会导致利率下降和本币贬值，货币缺乏将导致利率上升和本币升值，肯定了国际资本流动与汇率和利率之间的相互影响关系。

资金从高利率国家向低利率国家流动。

虽然早期理论相对简单、不够成熟，没有独立的国际资本流动理论，然而，这些理论可以解释国际资本流动，发展相对成熟的各种贸易理论含有国际资本流动方面的内容，成为国际资本流动理论的萌芽，为国际资本流动理论的发展和成熟奠定了基础。

3.2.2 近代国际资本流动理论

从19世纪后半叶到20世纪30年代，资本主义国家开始关注资本输出，资本输出在当时已经成为经常性的现象。列宁区分了资本输出和商品输出的概念，认为资本输出是帝国主义特有的特征，社会主义国家是不存在这个特征的。在这里列宁所说的资本流动指的是产业资本的流动。马歇尔认为，全球利率变动影响国际资本流动。费雪认为，各国资金利率的差异决定了国际资本流动，并提出了国际资本流动的利率理论模型，并认为，资本在国际市场进行流动的最终结果是各国之间不存在利率差异。

近代国际资本流动理论进一步解释了资本流动的根本原因，即获取更高的利润或避免投资风险，成为国际资本流动理论的一个重要组成部分。

3.2.3 现代国际资本流动理论

“二战”后，国际资本市场逐渐复苏并发展，将各国金融市场紧密地联系在一起，资本的跨国流动受到一些经济学家的关注。洛浦马哥孛罗采用国际投资乘数模型研究国际资本流动，说明了资本流动的积极影响是给资本输入国带来收入。巴拉萨、麦金农提出了外汇缺口理论，他们认为，资本流入不仅仅是外汇的来源之一，还能对一国的进口能力产生影响，尤其是对于发展中国家来说，资本流入能提高一个国家的进口能力，而进口能力是一个国家经济发展必须具备的。波茨、勒西和肯普等研究和开发应用了索罗经济增长理论，研究国际资本流动对一个封闭经济体的经济增长有没有帮助。结果证明，即使在封闭的经济条件下，国际资本流动也是有益的，尤其是对发展中国家来说。保罗·罗森斯坦认为，如果在经济发展中国内储蓄相对缺乏，要保证经济增长速度是可以利用外资的。对外资进行充分利用就可以最大限度地发挥经济增长潜力，外国投资可以弥补国内储蓄能力的差距，实现经济最快最好地增长。对于发展中国家来说，利用外资是其发展战略的一个重要组成部分。这就是储蓄缺口理论。哈利·约翰逊建立货币分析模型来研究国际资本流动，结论是：总产出增加以后，加上价格水平的上升，货币的需求将会大大增加，货币需求增加就会吸引资本流入，改善一国的国际储备状况；利率上升会减少对货币的需求，导致资本外流，国际收支恶化。

3.3 国际资本流动对金融稳定的影响

20 世纪 80 年代之前的国际资本流动都是为满足实体经济需求而发生的资本流动，这种资本流动中没有泡沫存在，所以很少发生经济危机。而在 20 世纪 80 年代以后，从拉美危机开始，国际资本流动开始带来危机，资本流动对金融稳定的影响也引起更多学者的关注和讨论。

国际资本流动对金融稳定的影响分为两个模块，即国际资本流入的影响和国际资本流出的影响。本节从国际资本流入的视角去审视国际资本流动对金融稳定的影响。

3.3.1 宏观效应

国际资本流入一国之后，从宏观管理的角度看，带来的影响有：资本流入会导致社会总需求膨胀，经济发展速度加快，形成经济的繁荣；国际资本流入会使流入国国内的货币增值压力上升，在固定汇率制度下会演变成通货膨胀，在浮动汇率制度下表现为名义汇率的变动；随着货币升值压力提升，进口会增加，而出口不能相应增加，国际收支项目下的经常项目就很难达到平衡，国际收支就会失衡；本币升值之后，将会形成流动性过剩，从而间接导致物价水平大幅上升。

开放经济条件下，国际资本流动会对一国经济实体和金融稳定产生重要影响，蒙代尔-弗莱明模型已经对此有所描述。一个国家进行宏观经济管理的目标是同时实现内部经济平衡和外部经济平衡。对于一个封闭经济体来说，内部经济平衡和外部经济平衡是可以实现的，但是对于一个开放经济体来说，要同时实现内部经济平衡和外部经济平衡就显得非常复杂。国际经济学家米德提出的米德冲突就是最好的证明，即在固定汇率制度下同时实现内部经济平衡和外部经济平衡是不可能的目标。蒙代尔认为，通过合理的宏观经济政策即货币政策和财政政策搭配，仍然能同时实现内部经济平衡和外部经济平衡。丁伯根提出利用多种工具来实现多种不同的经济目标，即丁伯根法则。一个国家如果内部经济不平衡和外部经济不平衡局面并存，说明金融体系应有的功能未得到充分发挥，不能为宏观经济的发展提供完善的服务。

3.3.2 微观效应

站在微观经济的角度来看，国际资本流入对东道国金融体系的影响主要通过商业银行体系和证券市场来体现。其中，商业银行作为金融体系最重要的金融中介，是国际资本最易流入的机构，发挥着引导和配置国际资本的作用；证券市场为国际资本提供了主要的活动场所，提供了丰富的投资工具和投资种类，能够满足国际资本流动的目标利益。

3.3.2.1 国际资本流入对商业银行体系的影响

（1）国际资本流入过程中商业银行的功能

在资本的跨地域流动过程中，国际资本的流动方向是靠国际金融体系指导的，并引起国际资本资源在全球市场的重新配置，而绝大部分国家的金融系统都是以商业银行为主的，所以在国际资本流动的过程中银行系统起着关键作用。

首先，商业银行体系能够直接吸收国外股权资金。为了增强资本实力，发展中国家的商业银行学习西方商业银行的先进管理经验，进行一系列股份制改革，并通过这种方式引进外资。一般做法是卖出一些股票，引进战略投资者和金融投资者，或者在海外上市，吸引外国投资者购买本公司发行的股票等。

其次，商业银行还能以吸收存款的方式吸引外资。如果一个非本国居民要投资于非银行金融资产，就要用国内存款支付。其操作过程是在该居民拥有的银行系统，以外国货币存款为基础，将外币存款转换成本国货币存款。在这个过程中，国内商业银行系统的存款就增加了，在资产负债表上表现为银行的负债总额增加。

最后，外资商业银行在国内设立的分支机构，也是银行借贷资本流通的重要渠道。商业银行在境外某个国家设立一个分支机构，可以通过机构内部资金流动的形式形成金融资本流入。就中国来说，中国在2006年实现金融业全部开放，外资银行纷纷在华设立分支机构，目前也占据了一定的市场份额，总体来说在华外资银行发展比较稳健。

（2）国际资本流入对商业银行信贷情况的影响

国际资本无论以哪种方式流入银行系统都会使这个国家的金融储蓄总量

（所有金融机构的总流动负债）增加。如果商业银行的总负债增加，那么该银行就能扩大可贷资金规模。如果银行体系比较健全、监管制度有效，银行可以对借款人的借款能力和借款额度进行干预，对贷款价格和贷款额度进行调整，改善贷款结构，减少不良贷款。相反，如果银行体系对信贷资产管理不足且没有完善的监管制度，那么这个国家的银行体系对信贷资金的配置也不会达到最优，而且出现流动性问题时也无法妥善合理地解决，那么国际资本流入只会给银行带来风险，不会提高银行的信贷资金使用效率，从而影响信贷规模的扩张。

（3）国际资本流入有助于提高商业银行的效率与稳定性

相比国内银行，外资银行具有较强的管理能力，能够进行更有效的决策。因此，外资银行的加入将丰富和完善国内商业银行的体系和结构。一方面，国内银行可以通过外国商业银行的金融资本流动引入先进的运作管理模式和技术支撑，提高处理客户信息的效率，降低加工成本，并通过当地的银行服务提高国内金融中介的质量。面对外资银行巨大的竞争压力，国内商业银行会积极采取措施进行改革，提高效率。另一方面，国内银行系统会遭到外国商业银行快速增长的冲击，打破国内市场的垄断，使国内商业银行结构多元化。如果能够对其他可能引起银行危机的变量进行有效的控制，在一国金融体系中，外资银行数量占优，金融体系会趋于稳定。主要是因为：外资银行奉行稳健的经营原则，多数外资银行受到巴塞尔协议的约束和严格监管，将优化东道国银行的结构；一般情况下，外资商业银行资本充足，在国际市场上参与度较高，风险管理能力更强；外资银行可以通过持有股权的形式投资国内银行，结成战略合作伙伴关系，避免金融动荡时期资本大量外流。①

（4）国际资本流入有利于形成资本流入国商业银行业务的国际化路径

国际资本流入之后，国内银行结构多元化，并可以吸收国外的先进管理经验和技术，促使国内商业银行与国际商业银行的运作模式保持一致。第一，国际金融资本流入发展中国家，使发展中国家拥有了更多的发展资金支持，降低了获得资金的成本，并拓宽了金融资本在国际市场流动的渠道。第二，国际金融资本流入可以推动国际标准在国内实践中的使用，改善国内商业银行的治理结构，提高战略决策能力，逐步完善基础设施，促使国内商业

① 罗海波. 国际金融资本流动机制研究［D］. 上海：华东师范大学，2008.

银行走国际化路径。第三，国际金融资本流入发展中国家，可以促进发展中国家的商业银行进行金融创新，对传统业务进行完善和改良，推出新产品，进行理论创新、技术创新、制度创新、管理创新，缩小与国际商业银行的差距，促进符合国际规范的商业银行体系的建立。

当然，国际化只是发展中国家商业银行为达到目标所采取的一种方式。发展中国家开放金融市场的目的是建立现代商业银行制度。借助国际金融资源的力量，可以为国内商业银行带来新鲜的血液和新的变化，促使国内商业银行不断突破原有的局限，尤其是在经营的规范性、业务的创新性等方面的局限，实现收益最大化。发展中国家开放金融市场、吸引国际金融资本，最重要的目的是完善和健全国内商业银行系统，建立现代商业银行制度，并在保证安全性和流动性的前提下获得最大利益。

3.3.2.2 国际资本流入对证券市场的影响

国际资本流入对证券市场的影响方式分为两种：直接影响方式和间接影响方式。直接的方式是金融资本可以在国内证券市场上直接认购新发行的证券，也可以买卖正在流通的证券，直接影响股票市场的交易量、交易规模以及价格形成机制等。间接的方式是指在国际金融资本流入的国家，会发生宏观经济变量变动，接着传递到证券市场。在一个开放的市场中，国际资本流入的直接影响较为直观和明显，但是间接影响持续时间比较长且影响程度比较深。

(1) 国际资本流入对证券市场的直接影响方式

随着国内证券市场的逐步开放如沪港通、深港通、沪伦通的开通，高回报和高流动性使得证券市场对国际金融资本的吸引力增大。金融资本流入会增大一个国家证券市场上的资金量，如果证券数量较少而市场上流动的资金较多，就会促使证券价格不断上升，不仅为企业融资提供了一个良好的平台，还促进了证券市场的稳定。

第一，国际资本流入能够直接扩大证券市场规模。归因于其所具有的融资功能、投资功能，证券市场在经济中发挥着越来越重要的作用，各国都采取有效政策发展并完善本国的证券市场。从国际角度来看，发达国家的证券市场国际化程度高且相对成熟，在国际资本流动中起主导作用。发展中国家的证券市场发展得晚、规模仍然很小、运行机制不完善，但是发展潜力大，所以正处在快速发展的过程中。发展中国家加快国际化经营的步伐，改善国内金融市场的环境，可以吸引更多的国际金融资本，扩大证券市场规模。

第二，国际资本流入直接影响了证券价格。从理论上讲，大型机构投资者构成了国际金融资本的主体。机构投资者进入证券市场，有利于提高参与主体的金融素养，促使投资者更加理性地对证券市场的趋势进行判断，并采取合理的投资行为。一般情况下，机构投资者能够在具有广度和深度的证券市场中识别和获取相对充分的信息，资金供求双方也能够达成共识，所以能够降低证券价格波动率，保持证券价格稳定。但是在新兴市场国家，证券市场的广度和深度都不足，规模有限，品种也有限，再加上监管和管理不到位，国际金融资本大规模流入很容易引起证券市场价格上浮。

第三，国际资本流入直接影响了证券投资理念。国际金融资本在进行价值投资方面具有很大的优势，能够搜寻到有增值空间的证券并从中获利。在进行价值投资过程中，国际金融资本往往重点支持拥有核心优势的企业和支柱性企业，例如国有企业、汇率升值受益企业、行业垄断企业等。在传染效应的作用下，大量投资者跟风效仿，对成长股保持高涨的热情，从而使具有发展前景的企业获得资金支持得到更快的发展。这种专业化的投资理念能够保持证券市场公平、公正的市场秩序，有利于证券市场的长期发展。

（2）国际资本流入对证券市场的间接影响方式

国际资本流入会使一国的利率、汇率、货币供应量、物价等主要宏观经济指标发生变化，这些指标变化之后又会引起证券市场价格的变化。

第一，汇率机制。汇率作为价格因素中最重要的指标，也是影响证券市场重要的宏观经济变量。在开放经济中，从短期来看，国际金融资本会引起汇率的波动，使外汇市场供求矛盾更为突出。从长期来看，汇率是国家经济实力的表现。如果一国的汇率上升，不论是国际投资者还是国内投资者都会有良好的预期，有关证券市场的宏观经济指标也会走高；相反，如果一国的汇率下降，投资者会撤出在该国的投资，引起证券价格的下降。

第二，利率机制。国际资本流入将导致国内利率下跌，低利率会给投资者和筹资者造成不同的影响。对于投资者来说，利率偏低的话，投资的机会成本就会降低，证券的投资量就会增加，促使证券价格上升；对于筹资者来说，利率偏低的话，就可以降低筹资成本，减少财务费用支出，提高盈利能力，增加企业投资价值，促使企业股票价格上升。

第三，货币供应量机制。非本国居民投资或者购买一国的金融资产必须进行货币兑换，这将增加商业银行体系的负债，间接地对货币供应量产生影响。根据国际收支平衡理论，国际资本流入会引起一国外汇储备的增加，间接导致货币供给增加。货币供给增加之后，证券市场上的资金量也会增加。这个时候证券市场上就会出现供不应求的局面，证券价格上升；新发行的证券在这种供不应求的情况下，价格也会上升。

第四，物价机制。价格变化始终是一种货币现象，造成货币供给增加的国际资本流入将导致价格上涨，企业的业绩会因为物价上涨而得到改善。企业会对这种上涨形成一种习惯预期，价格就会持续上涨。企业获得更多盈利之后就会扩大生产规模，获取更多的利润，最终推动股票价格的上涨。

4 利率市场化与金融稳定

4.1 利率市场化概念

利率市场化是金融自由化理论中的一个分支理论，是金融自由化的起点。利率市场化通俗地说，就是利率水平是由资金的市场供求决定的，金融机构实质上没有权力决定利率水平，也丧失了对利率水平的特许权。利率市场化的必要条件是要有完善的市场机制和合理的市场结构。在完全竞争的市场条件下，如果利率水平和资本产出水平相等，那么这个利率就会被认为是一个均衡利率，即最优利率。利率市场化的目的就是形成均衡利率，然后通过这个均衡利率来促进整体经济的发展。

4.2 利率市场化特征

实行利率市场化后，商业银行有了更加灵活的资产价格制定的自主权。商业银行可以为其贷款资金设定合理的价格水平，针对风险不同的贷款人制定不同的利率，使风险和收益相匹配。但是对于发展中国家而言，如果实行利率市场化，其面临的金融风险会加大。①

第一，金融市场风险增加的一个原因是取消了准租金和信贷配给。在没有实行利率市场化时，政府通过信贷配给控制信贷市场价格和结算价格，使得信贷市场的借款人获得准租金。因为信贷市场中资金供求双方的信息是不对称的，政府只能通过信贷配给来实现所谓的平衡。然而，利率市场化改革后，利率上限取消，利率在短时间内会急速上升，这样就降低了信贷配给成本和准租金，在国内信贷市场上实际上是一个资金重新分配的过程。那些在利率市场化之前得到的信用资金将不得不面对更高的借贷利率和准租金损失。

---

① 向文华. 利率市场化的风险研究［N］. 中国经济时报，2004-07-27.

尤其是那些对利率准租金依存度较高的借款者，这个时候会面临非常严重的债务风险，甚至有破产的可能。这是取消了金融市场的信贷配给之后产生的影响。

在利率市场化之前，长期借款者与银行签订的贷款合同采用的是固定利率，所以利率市场化之后，长期借款者受到的影响会比较小。但是对于短期借款者来说，他们在短期借贷市场或者货币市场上采用浮动利率来进行交易，所以利率市场化对其的影响是不可避免的。另外，借款人面临的这些情况，贷款人也同样会经历。如果他们提供的是用长期固定利率贷款融资的短期贷款，原来的预期利润都会被挤出来。部分金融中介机构也会因为准租金和信贷配给取消而受到影响。[①]

第二，利率的变化具有不确定性。利率市场化之后，过去被压抑的利率管制放松，均衡利率被释放出来，就会引起利率短期内的剧烈波动。尤其是把国内利率与汇率结合在一起进行研究时，利率变化的不确定性会更加明显。利率市场化后，金融市场的参与者无法准确预期或估计利率的变化规律和变化方向，增加了利率风险。

利率变化的不确定性使得相关金融合约的履行难度增加。有些贷款或借款合同是在利率市场化之前达成的，按固定利率计算，在利率市场化之后转变为按浮动利率计算，这种情况对合同双方都不利。贷款人无法估算自己的利息收入情况，借款人无法估计自己的贷款成本，给双方交易带来了难度，增加了交易成本，从而增加了双方的风险。

另外，利率市场化之后，汇率制度和利率制度之间的联系更加紧密。因为大多数国家采取的是浮动汇率制度，汇率的变化和利率的变化具有一定的联动性，这就增加了利率波动的不确定性，加剧了金融市场的不稳定性。利率和汇率的敏感程度也大大提高，长期处于利率管制状态下的金融机构在短期内无法适应利率变化的情况。

第三，利率市场化会造成信贷膨胀。实行利率市场化之后，政府不仅取消了信贷控制，还降低了对商业银行储备金的限制条件，金融机构的信贷自主权扩大，就会获得更多的储蓄资金，外国资本也会大量流入。各家金融机构为了争夺市场份额，就会在利率价格上进行竞争，这样就不可避免地出现了信贷膨胀，而且膨胀速度很快。在快速的信贷膨胀之后，银行就要花费大

---

① 向文华. 利率市场化的风险研究 [N]. 中国经济时报，2004-07-27.

量的人力、物力和财力去评估相关项目的风险和质量。在这种情况下，如果银行的信贷审核放松或者不严格，银行的信用风险就会不断增加。由于信贷扩张，银行和非银行金融机构没有足够的能力承受冲击，就会对经济造成一定的影响。容易受冲击的部门和企业偿债能力降低，甚至资不抵债，而银行就会出现自身的资产和负债期限不能匹配的现象，不良资产也会随之大量增加。银行和非银行金融机构的大部分资金投入房地产市场和证券市场，风险就会传递到房地产市场和证券市场。显而易见，一旦经济受到冲击，灵敏度最高的房地产业和证券业首当其冲。

第四，利率短期内快速升高。在利率市场化之前，利率受政府管制长期被人为压低，在利率市场化之后就会出现急剧上升。利率的快速、大幅变动给经济带来了一系列负面影响。在利率不变时，大部分借款企业的偿债能力不会受到影响，都能够顺利地偿还债务，但是在利率提高时，由于利息支出增加，企业的盈利会受到影响。效益好的企业只是减少一小部分盈利，还能够按时还款，但是效益一般或者效益不好的企业将面临无法按时足额还款的困境。实际利率不断提高，风险偏好者反而会向银行增加贷款额度。由于信息不对称，就有可能产生逆向选择。这样，银行的信用风险会增加，收益也会减少。在利率市场化之后，如果金融监管制度不完善、金融法律法规不健全，就会加重银行的脆弱性，更有可能引发金融危机。①

4.3 利率市场化对金融稳定的影响

一直以来，经济学家们普遍认为经济发展的核心是资本积累的速度。如果经济发展缓慢，原因就是经济体发展所需的资金积累不足、资本形成过程缓慢。这些想法和理论也在哈罗德-多马模型中有所体现，这个模型认为经济增长的决定因素是资本积累。美国经济学家刘易斯提出二元经济结构理论，认为经济发展的核心问题是加速资本形成过程。在发展中国家的经济发展初期，这些理论确实作出了一定贡献，但是随着时间的推移，这些理论渐渐不能解释经济发展中的问题。

美国经济学家罗纳德·麦金农（R. J. Mckinnon）和爱德华·肖（E.

① 顾宁. 金融自由化的再认识与再实践［D］. 长春：吉林大学，2007.

S. Show)[①] 在20世纪70年代研究了发展中国家存在的一系列问题，如金融市场不完整、资本市场发展扭曲、政府干预程度过高等，提出了金融抑制（financial depression）的概念。他们认为，发展中国家的金融市场普遍存在这样的现象：政府的干预和管制人为地把整个金融市场中的各个子市场隔离开来，使这些市场不能相互作用、相互协调。某些企业在飞速发展的过程中苦于资金不足，但由于金融市场的不完全，不能进入金融市场进行间接融资，只能依靠企业内部资源进行融资。同时，因为政府实行宏观调控，银行的存款利率非常低，或者通货膨胀率较高导致实际利率接近于零，甚至为负，居民的储蓄积极性降低，不愿意将现金存入金融机构，造成金融市场的资金供求失衡。这个时候，政府为企业发展提供配额式的资金供给，造成资金使用效率低下，分配不公，行业企业发展参差不齐，最终导致资金总供给与总需求之间的矛盾更加突出，整体经济发展停滞。经济发展不景气，储蓄者更不愿意把现金存入金融机构，资金供给就会更加紧张。政府为了缓解资金供求之间的矛盾就会采取更加严厉的措施来管制利率，形成了一种恶性循环。麦金农和肖把这种政府对利率进行管制造成的资金利用及配置效率低下的现象称为金融抑制现象。发展中国家经济发展迟缓的最主要原因是政府干预了金融市场的发展，使市场扭曲，造成了经济效率低下，从而阻碍了经济发展。他们认为，发展中国家应该进行金融深化，主要还是通过金融自由化改革、开放金融市场来促进经济的发展。

金融自由化这个概念是麦金农在提出金融深化理论时附带的概念。他认为，金融自由化由国内金融自由化和国际金融自由化两部分构成，国内金融自由化主要是指利率管制和资金信贷配额制的消除，国际金融自由化主要是指国际资本流动管制和外汇兑换限制的消除。

麦金农和肖提出金融抑制和金融深化理论之后，发展经济学开始重点研究金融自由化和金融发展。随着金融深化概念的普及，发达国家和新兴市场国家从20世纪80年代开始在全球范围内掀起了一场金融自由化的大改革。各个国家因为政治经济发展程度不同，其改革的侧重点也各不相同，但是殊途同归，它们的共同目标就是朝着自由化的方向前进。各个国家改革的基本内容也大同小异：降低金融业务的市场进出壁垒、减少政府的干预和管制、逐步取消利率管制、放松汇率兑换的限制条件等。随着各国金融自由化进程

① 爱德华·肖．经济发展中的金融深化［M］．上海：上海三联书店，1998．

的加速，金融自由化在各国的经济增长方面确实有一定的贡献，但是各国的金融体系也开始不稳定，特别是金融危机频繁爆发。各国开始思考金融自由化带来的负面影响，即对金融稳定的影响，对金融自由化的质疑开始产生。

Kunt 和 Detragiache（1997）认为，利率市场化引发金融不稳定主要表现在：利率的管制取消以后，利率水平由市场对资金的供给和需求决定，这时，金融机构如银行就可能为获取更高的利润而为一些高风险客户提供融资。与此同时，储蓄者也因为政府对利率政策的不干预而愿意将剩余资金存入金融机构，企业能从金融机构得到它所需要的资金，企业和储蓄者之间的融资障碍得到缓解。但是对企业来说，它更加依赖从金融机构获得贷款，资产负债率就会上升；对银行来说，给负债率较高的企业放贷，其面临的风险也会加大。一方面，银行对贷款风险的管理存在一定的问题。由于之前银行的利率处于政府的管制之中，银行员工对贷款风险的管理相对比较容易，而现在银行的利率不再受政府的管制而是由市场决定，银行员工往往没有足够的经验来应对这样的局面。银行管理者和所有者面对借款企业的风险显得有点措手不及，对于其面临的道德风险和其他风险也不愿意去正确理性地考虑、不能进行正确的评估，导致银行发生危机的概率增加，银行的不稳定性增加。另一方面，银行的主要功能就是把短期负债转化为长期资产。如果银行的存贷利率在长短期内不合理的话，银行的资产回报率就会受到影响，银行的抗风险能力就会下降，个别银行的流动性就会短缺，如果这种流动性问题传染到其他银行，就会引起整个银行体系的混乱和恐慌，进而影响到整个金融体系的稳定。

Hellmann 等（1994）认为利率上限取消以及银行业进入壁垒降低以后，在某种程度上银行的垄断利润将被瓜分，其利用拥有的一种特许权获得的利润也将降低。银行的这种特许权就是利率上限和进入壁垒为银行带来的某种租金，也是银行许可证的价值所在。这种价值可用资本充足率、存贷比、资本流动性、资本集中度、外资银行比重等指标来衡量。在资本要求高、流动性高、外资银行比重高的情况下，银行这种特许权带来的价值就比较少，减小了其可放贷的规模；反之，在集中度较高和外资银行占比较低的情况下，国内银行有一定的垄断优势，因而拥有较高的租金收益即较高的特许权价值。这种特许权的存在从长期来看，破坏了银行之间的竞争秩序，扭曲了资源配置。金融自由化就是要取消利率限制、降低进入壁垒，从而降低银行特许权的价值，削弱银行部门的垄断地位，增加了银行体系的不稳定性。

金融自由化之后，金融机构获得了更多的权力、自由和政策便利，但可能会增加金融体系的脆弱性，超出整个社会经济的承受能力。

4.3.1 利率市场化的风险

利率市场化的风险可以根据风险存在的时间长短分为阶段性风险和恒久性风险。

所谓阶段性风险，是指在利率管制放开的前期，商业银行不能立即适应市场化利率环境所产生的金融风险。在过渡阶段，商业银行风险会通过两种途径增加：一是由于之前长期的利率管制，在放松利率管制之后，利率不可避免地要上升，从而加剧银行存款的竞争。利率上升得太快、太高，会带来一系列负面影响，如信用贷款行为中的“逆向选择效应”和“风险激励效应”就会降低资产平均质量，增大风险。而且本来风险是由存款人承担的，但是存款人通过存款行为把风险转嫁到了银行身上。二是利率管制放开后，利率波动比较剧烈，商业银行过去长期在利率管制的环境中生存，现在面对利率不确定性增加，短时间内无法规避这种利率风险。也就是说，利率市场化的进程引起了利率水平突然升高和不规则波动，这两种表现增加了银行脆弱性，影响较为严重的可能会导致银行危机。

Carter（1989）认为在投资急速增加之后，利率突然上升，商业无法应对这种局面及其带来的负面影响，这就是金融脆弱性的核心。抵补性企业、投机性企业和庞资企业在利率不变的条件下都可以根据自己的现金流量和未来资金的需求情况如期偿还债务，但是一旦利率突然上升，投机性企业和庞资企业的偿债能力就会急剧下降，出现资金流动问题，陷入资金困境，严重的甚至会破产。这些都会在银行的账面上表现为不良资产。银行不良资产增加，经营风险就会增加。

如果某个国家在实行利率市场化之后实际利率升高，就会吸引一些风险偏好型的借款人。这些人向银行借款可能会有逆向选择的风险，尤其是当利率非常高的时候，传统的投资项目不会带来高额的利润以弥补高利息，投机性比较强的如证券等高风险行业就是大量资金的投机选择，然而这些高风险行业存在泡沫价格的问题。对于银行来说，贷款风险和贷款利率之间的对称关系是非常复杂的，可能高风险的贷款却得不到高收益，在银行机制不健全的情况下，这种逆向选择的后果就会放大，银行面临的道德风险将大大增加。一旦银行无法承担损失，政府就会救助银行，使银行脱离危机。而政府要救助银行的话，就要出台各项政策并且要把握相关政策的执行力度，这违背了利率市场化的初衷。

通常讲的利率风险其实就是利率市场化的恒久性风险。不像阶段性风险主要是市场利率变动的不确定性造成的，恒久性风险是一种非系统性风险，这种风险伴随着利率市场化的存在而长期存在，商业银行是否具有承受这种风险的能力要看它们风险管理水平的高低。因此，随着利率市场化的实现，商业银行面临的最主要的风险就是利率风险。

如果商业银行的存款利率和贷款利率变化不同步，银行的净利息收入就将发生变化。如果存款利率涨幅超过贷款利率涨幅的话，银行的负债成本增加，收益相对减少，其净利差收入就会减少，这就是基本点风险。

如果长短期利率倒挂，银行预期的资产负债就会发生倒置，预期收益也会发生变化，这就是收益曲线风险。如果利率上升，储蓄者就会增加存款，银行负债就会增加；如果利率下降，借款人可能会提前还款，银行资产收益就会减少。

银行在维护存贷款客户时会产生相应的客户关系维护成本。如果利率变化使银行的客户选择发生变化，而这些客户选择变化给银行带来的收益无法弥补银行的客户关系维护成本时，就产生了银行的内含选择风险。

如果银行的利率敏感性资产减利率敏感性负债小于零，利率上升时，银行的净利差收入就会相应减少；如果银行的利率敏感性资产减利率敏感性负债大于零，利率下降时，银行的净利差收入也会少于其预期：这时就产生了到期日不相匹配风险。这种风险主要是银行的利率敏感性资产和利率敏感性负债不相匹配造成的。

商业银行因利率预测失误而导致的基本点风险、收益曲线风险、内含选择风险和到期日不相匹配风险都是长期存在的。

4.3.2 利率市场化影响金融稳定的机制

王胜强（2018）在研究金融稳定的体制机制问题时，提出了利率市场化影响金融稳定的机制，主要有以下几个方面。

4.3.2.1 利率市场化会导致银行等金融机构过度承担风险

利率市场化，也就是利率能真实地反映资金的供求关系，在市场机制的作用下形成均衡利率。利率市场化对中小型金融机构的影响比对大型金融机构的影响大得多。大型金融机构在资本实力、业务能力、管理水平上优于中小型金融机构，而利率市场化使得金融机构间的存款利率、贷款利率基本相等。与大型金融机构相比，中小型金融机构在同等存款利率水平下很难吸收存款，在同等贷款利率水平下难以发放贷款，处于劣势地位。因此，利率市场化会加剧银行竞争，压低贷款利率，提高存款利率，不断缩小利差，收窄利润空间，迫使银行从事冒险性行为，如为不符合发放贷款条件的客户发放贷款。银行过度承担风险，严重影响银行稳定，进而影响金融稳定。

4.3.2.2 利率市场化会导致企业负担加重和过度承担风险

在市场机制的作用下，利率市场化会导致金融机构的竞争加剧，为吸引存款，存款利率必将提高，贷款利率也会相应提高；实际利率提高，会导致企业的借贷成本增加，加重企业负担，从而增大企业经营压力。实际利率的提高也会促使企业投资高风险、高收益的项目，而高风险项目可能导致企业血本无归，最终面临破产。风险进而传导至银行等金融机构，坏账率上升，严重影响一国的金融稳定。利率市场化也会导致企业过度贷款、过度承担风险。金融双向开放的背景下，外资金融机构进入给一国带来了大量的资本，在金融监管不完全、金融机构贷款审批不严格的条件下，会导致企业过度贷款。大量冗余资本进入企业，会导致企业投资决策不严谨，从事大量低效投资，严重拖累企业经营；导致企业过度承担风险，影响企业正常运转。

4.3.2.3 利率市场化会削弱中央银行货币政策效力

中央银行货币政策中，最常被使用的是公开市场操作，即中央银行在市场上公开买卖政府债券，释放流动性或收紧流动性。而在货币政策传导途径中，一个很重要的传导途径就是利率传导。在一国金融双向开放、国际资本自由流动及利率市场化的条件下，中央银行的流动性工具对利率的影响微乎其微，因而货币政策效果大打折扣，调节经济的能力也将变小。而中央银行在维持一国金融稳定中起着非常重要的作用，货币政策的失效将削弱中央银行调控经济的能力，从而削弱中央银行维持金融稳定的效力。①

---

① 王胜强．金融双向开放背景下维持金融稳定的体制研究［D］．天津：天津师范大学，2018.

5　金融结构与金融稳定

5.1　金融结构的含义

关于金融结构概念的界定，最具代表性的是戈德史密斯（Goldsmith）的观点。戈德史密斯（1994）认为，金融机构与金融工具之间的结合比例就是金融结构。

戈德史密斯认为金融结构包含三个层次。第一个层次要体现金融的重要性，主要是用金融资产的总量与GDP的比例关系来描述。戈德史密斯把这个比例关系定义为金融相关比率。第二个层次是金融工具的结构。戈德史密斯将金融工具分为两类，即股权类和债券类。这种分类最直接的目的是对状况不同或者金融结构不同的国家进行研究，因为一个国家会存在不同品种、不同性质的金融产品，各种金融产品的市场份额不同，行业分布也不同。第三个层次是金融中介机构的结构。首先，金融中介机构的发展程度体现了一个国家金融业的发展程度，中介率就是金融中介部门的金融资产总量在整个国家金融资产总量中所占的比例；其次，用不同类型金融中介机构的金融资产总量在金融部门资产总量中所占比例来说明不同类型金融中介机构的市场份额有多大、哪种类型的金融中介机构占主导地位。戈德史密斯对金融结构的概念描述其实就是在一个国家中，金融机构、金融工具以及相关金融资产在整个社会财富中的占比及其相互之间的关系。

随着金融经济的发展、金融机构队伍的壮大，以及中国金融业的对外开放，更多的中国学者开始进一步研究金融结构问题，从不同的角度提出了自己的见解。

李量（2000）认为金融结构就是一个国家在一定时期内各种金融工具，金融机构，市场体系的形式、特点、内容以及相互之间的变动关系和结构比例。这个看法不仅反映了金融结构的金融功能与金融效率，也反映了一个国家的金融体系在整体社会经济中的地位。以存量的形式表达了现实经济金融结构与金融资产绩效、资产量之间的比例关系，即整体金融负债和金融资产在不同的金融工具中的量比分布情况，金融中介机构与非金融机构中金融资产和金融负债的量比分布情况，不同产业、不同行业、不同经济部门中金融资产和金融负债的量比分布情况，以及金融活动的进行给经济增长和社会资源配置带来的影响及影响程度。

王广谦（2002）认为金融结构是一个动态的概念，是由金融发展的内在机制所决定的，金融总量变化也会带来金融结构的变化。金融体系各个构成要素的规模、组合与配合状况就是金融结构。

白钦先（2003）认为金融结构有广义和狭义之分。他将狭义的金融结构总结为，金融发展过程中短期资金与长期资金、直接融资与间接融资之间表现出的不同步、不均衡的现象。广义的金融结构比狭义的金融结构要复杂得多。广义的金融结构是不同国家在不同时期金融结构、金融工具、金融市场等要素的数量变动与质量状况，以及同一国家在不同时期这些要素的变动状况和比例关系。

上述学者都对金融结构的含义作了解释，笔者认为比较有概括性、广泛性的定义是白钦先教授的定义。笔者对金融结构的定义从微观和宏观两个方面来阐述。从微观方面来说，金融体系中各个构成要素的组合、配置状况就是金融结构。从宏观方面来说，在不同国家、不同阶段、不同经济周期，由社会、经济、政治发展所决定的金融体系各个要素之间的联系方式和存在形式，即金融主体、金融客体、金融中介和金融工具的规模、比例关系就是金融结构。

笔者同样认为，在不同的市场环境下，金融结构也是不同的。随着金融的发展，金融结构也处在动态变化的过程中。下面探讨一下金融结构发生变动的原因。

5.2 金融结构变动的原因

5.2.1 实体经济的需要

实体经济活动的发展促进了经济增长，经济增长又要求金融服务的完善和提质。许多学者研究了国外金融制度与经济增长的关系，得出的结论是，金融系统在经济发展和经济增长中起着关键作用。随着国外学者研究的深入，他们开始关注金融结构的变动对经济发展和经济增长的影响以及它们之间的互动关系。

一方面，实体经济活动对金融服务的要求具有多样性，从根本上促进了经济增长过程中金融结构的不断升级和不断变化。另一方面，各种金融中介机构在提供金融产品和融资服务方面占有不同的比较优势。随着经济的发展，比较优势和经济要素禀赋发生了变化，相应地，产业结构和实体经济活动性质也发生了变化。不包括其他外部因素和外生变量，一个国家的经济要素禀赋结构和产业结构决定了该国的金融结构。随着经济要素禀赋结构和产业结构的变化，金融结构也必然要发生相应的变化。这种变化是为了适应产业结构改变后不同行业和企业的不同融资需求。如果金融结构变动过于滞后，就不能满足经济发展的需要；如果金融结构的变化过于激进，与产业结构的升级不相适应，就不符合金融深化发展的需要，反而会损害实体经济，产生泡沫经济，最终阻碍经济发展。

5.2.2　金融创新

在金融发展的过程中，金融创新推动了金融结构的变化。首先，金融创新能够推动金融总量的快速增长；其次，不同部门金融总量的增长速度不同，也会引起金融结构的变化。

从金融发展的历史来看，每一次金融创新都将带来金融结构的调整，金融结构调整也是适应经济发展的必然过程。经济和金融都在不断发展，在这个过程中，原来的金融结构如果不能适应经济发展的新形势，就会对经济发展产生负面影响，不能为社会提供完善的金融服务，不能满足经济发展的需要。此时，金融创新成为打破这一局面的有力武器，有效的金融创新不仅能扭转原有金融结构对经济的不利影响，还会促进经济金融的发展。金融创新后，金融结构进行了调整，金融观念创新使人们更易理解社会经济的现实状况并对经济发展有更为准确的预期，金融制度创新使人们看到金融功能的完善和发挥，金融工具创新能给人们提供更多的选择来满足其不同的避险和保值需求，所以金融创新是经济发展的一种推动力。

另外，金融创新也不是一个偶然现象。虽然金融创新可能发生在不同的地区或不同的时间，但这种现象是一种客观必然。从表面上看，金融创新的发生是因为现有的金融结构不能满足经济发展的需要，但从本质上看，金融创新的发生是因为金融业为了满足社会的需求打破自身的发展限制和障碍，是现有的金融结构解决内部矛盾的一个过程。从金融发展史来看，每次金融创新虽然过程和效果都不同，但都是金融结构内部矛盾发展的一种结果。因此，金融创新是经济发展的客观存在，是一个动态发展的过程，也是在不断变化的。

5.2.3 制度变迁

制度变迁是各种制度之间不相容、不一致甚至存在矛盾的结果。为了实现各种制度之间的协调性和一致性，就需要制度变迁。如果遇到强制性的制度变迁，在短期内一些刚性制度会迅速作出反应和改变，但是一些相对弹性的制度，如价值观、意识形态等可能无法在短时间内作出改变。这些刚性制度与弹性制度之间会出现摩擦和不一致的情况，成为金融体系不稳定的因素。在金融自由化的过程中，每个国家的制度环境是不同的，金融自由化和金融发展水平也是不同的。在制度环境较好的国家或地区，相关制度比较完善，如法律、信用建设、银行体系、证券机制等。这些制度的完善不仅能为相应的市场发展提供保障和支持，还能为整个国家的金融自由化提供更充分的运作系统。不同的制度安排决定了不同的金融结构，制度的先决性主要表现在宏观经济制度和金融制度的性质直接影响甚至决定了宏观金融结构。在计划经济金融体制下，政府对金融领域进行严格的控制，使得金融结构呈现出高度集中、权利统一、垂直单向、只有计划没有市场的表征；金融市场、金融机构因为单一的金融工具、金融业务显得十分单调。同时，由于体制原因，金融对外开放的程度低，集中表现为该国金融业封闭。在市场经济金融体制下，市场需求催生出丰富多样的金融工具和金融业务，新兴金融机构层出不穷，金融交易频繁，直接造就了金融结构的多元化和复杂化。

5.2.4 技术进步

技术进步是金融结构演变的重要力量。电信技术、互联网和其他通信网络技术的发展为经济全球化提供了重要的技术支持。现代科技压缩了金融业的时间应用，克服了空间地域的障碍，强化了所有国家经济和金融方面的问题。参与跨国金融活动的主体逐渐多元化，跨国金融活动逐渐多样化，这些都是技术进步给金融活动带来的巨大变化。另外，数字技术、电子计算机等多种技术在金融业的应用使得金融业的业务操作有了革命性的发展，对传统金融业务作了有益补充，并且改变了原有的金融结构。网络银行的流行、电子商务的发展、互联网理财产品和影子银行的出现丰富了传统的金融功能，便利了金融业务的开展，不仅提升了金融功能，还提升了金融效率。各种技术的发展，催生了各种金融服务的扩展，也引起了金融界的深刻变化。

电信技术、电子计算机、互联网等的迅速发展跨越了时间和空间，解决了地域造成的交往不便，使各种金融活动和交易变得通畅，金融工具的多元化发展有了更多的可能，这就导致了金融结构的变化。近十几年来，其他学科如数学、物理和工程等与金融学相结合，使金融业有了更系统、更全面的发展，尤其是在业务操作、规避风险、市场分析、产品研发等方面，因此改变了原有的金融结构，促使金融功能充分发挥、效力增速提升。

5.3 金融结构改变对金融稳定的影响

金融结构改变是最容易被察觉到的一种金融现象，也是影响金融稳定的重要因素之一。金融结构优化与金融稳定是内在统一的，金融结构依照金融功能和效率实现质的演进即金融结构优化。金融结构的广度体现在金融体系能否最大限度地促进闲置资金的利用。金融结构的深化体现在社会资金的高效配置上，即准确地确认投资机会、降低资金成本。金融结构的弹性体现在抵御冲击的能力、风险管理与防范能力、自恢复能力上。一个结构优化的金融结构必然对应着金融体系的稳定运行。反之，结构扭曲、要素错配、协调混乱的系统必然无法保持长时间的稳定。

反过来，金融稳定对金融结构有反作用。金融稳定通过金融功能的发挥和金融效率的提高来促进金融结构的优化。当金融处于稳定状态时，金融功能和效率会得到优化，这不仅意味着金融结构处于优化状态，还有利于金融结构沿着“功能与效率”的路径演进下去，从而促使整个金融体系处于“金融结构优化—金融功能高效发挥、金融效率不断提高—金融稳定性增强”的良性循环。

5.3.1 金融结构改变间接影响金融稳定的路径

5.3.1.1 影响货币政策的执行情况

在金融发展的初期，货币政策的执行主体主要是商业银行，金融结构的改变削弱了商业银行的主导地位与作用。非银行金融机构快速发展，其地位和作用在货币政策实施和传导时更为突出。金融结构的变化，在一定程度上改变了传导机制的作用途径，从而影响了货币政策的实施效果。与此同时，金融结构的改变不仅会影响金融机构的行为，也会影响社会公众的行为。社会公众对货币有更复杂的需求，使得货币政策的执行不仅在时间上难以把握，在效果上更难以预测，这就增加了金融的不稳定性。

货币政策执行首先要制定货币政策目标，并通过货币政策工具实现。货币政策工具分为一般性货币政策工具、选择性货币政策工具和其他货币政策工具。一般性货币政策工具主要包括法定存款准备金率、再贴现率和公开市场业务，这些也是最常见的货币政策工具。选择性货币政策工具包括窗口指导和道义劝告。从另一个角度来说，货币政策工具也分为直接货币政策工具和间接货币政策工具。直接货币政策工具主要是直接控制货币供应量和利率，上面描述的一般性货币政策工具、选择性货币政策工具和其他货币政策工具是间接货币政策工具的一部分。随着金融结构的演变，金融市场、金融机构和金融产品的发展复杂化、多元化，全世界的金融机构都开始使用间接货币政策工具，因为间接货币政策工具比直接货币政策工具更有效。直接货币政策工具会主观分配资金，导致资本成本不公平，造成资源配置低效，影响货币政策的有效性。另外，如果运用直接货币政策工具，一些低效率的机构更容易得到保护，可以低成本获得资金，这样会破坏金融机构之间的公平竞争。

早期货币政策的传导机制是利率传导机制。这是因商业银行占主导地位而形成的货币政策传导机制。最有代表性的理论是凯恩斯学派的理论。他们认为，货币政策传导主要是通过货币供应量的波动，影响利率的变化，因而影响根据利率变化进行投资的公司的总费用和总收入。随着资本市场的发展和壮大，资产价格和财富逐步成为货币政策的传导途径。托宾 q 理论和莫迪利亚尼的财富传导理论是这个时期的货币政策传导机制理论。托宾将股票价格纳入传导机制，认为货币量的变化影响了资产价格，而资产价格的变动会直接引起实际投资变动，并最终影响到实体经济和产出。[①] 莫迪利亚尼认为，金融财富特别是股票财富，是消费者毕生财富中的一个重要组成部分，货币政策的变化会导致股票价格的波动，进而影响消费者财富的变化，引起消费的变化。例如，采取紧缩性的货币政策时，股票价格就会下

① 张润林. 金融结构视角下的金融稳定研究［D］. 沈阳：辽宁大学，2007.

降，消费者手中的财富就会减少，消费也会随之减少。货币学派的货币政策传导机制理论认为，在金融市场更加完善时，个人和企业持有现金货币的意愿降低，为了减少手中持有的现金，个人就会增加现金支出，相当于增加货币供给，造成利率降低；利率降低之后，借款成本降低，企业就会增加投资，从而增加产出。在金融业逐渐开放、国际化的过程中，汇率也成为货币政策的一个传导渠道，通过影响一个国家的进出口影响总需求。

总之，在金融结构发展和演变的过程中，不同的时期有不同的货币政策传导渠道。利率、信贷、货币供应、汇率等众多传导渠道共同发挥作用，一方面使货币政策传导更为顺畅，另一方面增加了货币政策执行的难度和效果的不确定性。金融结构变化也将影响金融机构和公众的行为，货币的社会需求因而变得比较复杂，货币政策传导时间将更难把握，货币政策效果将更加难以评估和判断。

5.3.1.2 影响金融监管结构

在金融市场发展和金融结构演化中，开放的进程也对金融监管提出新要求，为适应变化中的金融结构，金融监管就要发生变化。金融结构的改变要求金融监管的目标随之改变，并推出更有效的金融监管工具。

金融监管从一元监管向多元监管转变。在早期银行主导的金融结构中，银行成为金融监管的主要对象。随着证券业、保险业的发展，新的金融结构和金融风险出现，金融监管制度和监管体系不断完善。例如，中国2003年成立银监会、保监会、证监会，2018年又将银监会、保监会合并，就是金融监管结构不断完善的最好证明。金融监管改变架构、向功能监管转变的重点领域是业务活动及其职能。功能监管以金融业务活动的特征来确定相应的监管机构和监管规则，能够明确金融创新产品的监管权力和监管责任的归属问题，可以使有限的监管资源作用最大化。随着金融的发展，监管职能和业务活动职能之间没有必然的冲突，在功能监管的调节下，维持金融稳定不必限制创新金融产品的开发，不管机构设立该由谁来审批。功能监管可以实现跨产品、跨机构、跨市场监管的协调，从而提高整体的安全条件，保证金融业的效率，也可以防止对金融创新产品的监管真空和多重监管，有利于金融监管机构形成稳定的监管预期。中国通过签署备忘录的形式来明确功能监管的理念。金融监管结构也在理论和实践中完成了由狭义监管向广义监管的转变。狭义的金融监管就是金融监管当局的监管。广义的金融监管不仅包括金融监管当局的监管，还包括行业自律、内部控制和市场约束。巴塞尔协议最新的资本协议提出，银行稳健经营的三大支柱是资本充足性、机构自律和市场约束，目的就是维护金融体系的稳定、克服金融监管当局的局限性。在金融业开放过程中，为了与国际金融市场接轨、适应全球经济发展的需要，各国的金融监管结构都在发生变化。

5.3.1.3 影响金融市场运作

在金融结构的发展演进中，金融机构多元化的发展趋势会加剧竞争，使金融机构的发展更加复杂化和多元化，同时增加市场中的服务提供商和原始的金融产品，促使经济总量增加、金融市场份额扩大。不同的金融机构提供的金融产品具有同质性，为了获取更大的市场份额和更多的利益，金融机构之间就会竞相推出新的业务，促进金融市场价格机制的形成。在这个过程中，金融机构间的竞争更加激烈，金融市场容量、价格、交易规模逐渐稳定，金融市场逐渐向完全竞争市场靠近，金融市场参与者成为价格的接受者。然而，金融市场上不可避免地会出现价格波动，若金融体系能够承受这些波动，那么金融体系的基本功能会得到更好的发挥；如果波动频率和幅度在一国金融体系所能承受的范围之外，那么金融市场价格的波动将会给金融稳定带来一定的冲击。

在金融结构的发展演进中，为了提高市场组织和交易的有效性、获取有效的信息，以及提高对信息的反应灵敏度，各金融中介组织采用各种各样的新技术手段改善金融基础设施。运用计算机对股票市场、外汇市场等金融市场的价格进行实时接收、处理、分析和预测等，不仅改变了传统的金融市场运作的时间和空间概念，还使金融市场的参与者越来越熟悉金融市场交易规则、提高风险控制能力，从整体上充分发挥了金融市场的功能，提高了金融市场的运作效率。但是信息技术的发展和应用对金融市场发展的影响也是双面的，一方面提高了金融市场的运作效率，另一方面也带来了技术风险和金融安全问题。技术犯罪的存在也是影响金融稳定的主要因素之一。

在金融结构的发展演进中，金融市场为投资者提供了更丰富和更灵活的金融产品和金融工具，满足了各类投资者收益和风险匹配的需求。在这个过程中，金融创新不仅满足了金融市场和实体经济的需求，还为投资者提供了更多的选择，降低了投资者的风险，吸引了更多投机者进入市场参与金融交易，增加了金融交易的活跃度。但是不能忽视的是，金融衍生工具投机性、灵活性、杠杆性等特性会使金融风险不断放大、宏观金融风险不断累积，这些都影响了金融稳定。

在金融结构的发展演进中，越来越开放的金融市场也会对金融稳定有所影响。开放结构会引入新的国际竞争者。一方面，国内的金融市场参与者可以学习国外先进的管理经验和手段，增加国内金融市场的活跃度，提高国内金融市场的效率；另一方面，新的竞争者的加入会使国内原有的市场份额和市场集中度重新洗牌，使国内市场逐渐融入国际市场，金融市场的国家地域界线更加模糊，国内金融的稳定就会与国外金融的稳定紧密地联系在一起，如果此时发生金融危机，国内也会很快被传染。

5.3.2 金融结构改变直接影响金融稳定的路径

5.3.2.1 金融市场结构对金融稳定的影响

金融市场结构对金融稳定的影响主要体现在“集中与竞争”上。对此，理论界的分析主要集中在银行业市场结构对金融稳定的影响上。

一些人认为：①大银行多元化经营更有利于风险分散，风险管理的效果更好，有利于银行的稳健经营；②集中度高的银行体系可以产生规模效应并提高大银行特许经营权的价值，减弱银行经营者从事高风险活动的动机，同时高额的利润还能对金融冲击起到缓冲的作用；③少数大银行组成的银行体系监管效果更好，银行的公司控制权将会被弱化，危机的传染程度也会降低；④集中度高的银行体系，市场竞争力也会增强，会通过优胜劣汰驱逐劣质银行离开市场，因为降低整体风险有利于稳定。

而另一些人认为：①“大而不能倒”的潜规则容易促使大银行去冒更大的风险，使得银行的脆弱性增强；②大规模的合并也会使金融相关性加大，总和风险加大；③少数大型金融机构控制市场，会导致市场竞争降低，从事风险行为的机会上升，还可能向企业收取较高的利息，迫使企业承担更大的风险。基于上述理由，他们认为比较集中的银行市场结构强化了银行的脆弱性。

实际上，金融市场结构对金融稳定的影响，不在于市场结构本身是竞争的还是集中的，或者集中程度多大，而在于不同的市场结构下金融机构和政府的行为。这些行为包括金融机构的经营行为，竞争行为，风险分散和转移行为，机会主义行为，对企业的监管、控制等治理行为，以及政府的监管行为，等等。这些行为对金融稳定的影响体现在：①金融机构是否能够更好地进行多元化经营，避免业务单一造成的风险集中化。这更多地取决于金融模式是混业经营还是分业经营。②市场参与主体是否倾向于采取更多的机会主义行为。这实际上取决于政府对金融业的相关制度以及中央银行“最后贷款人”角色的发挥方式。③金融机构的竞争行为。从这个角度讲，相对集中的金融市场结构会在维持市场的制衡力量的同时保持市场参与主体间的竞争，而高度分散的金融市场结构会导致过度竞争。④政府的监管行为。从监管的角度看，相对集中的市场结构具有明确的监管着力点，因而更有利于通过政府监管行为促进市场稳定。⑤金融机构对企业的监管、控制等治理行为。金融市场的典型特征是信息不对称，这是金融风险的最大来源。金融机构的核心功能在于联系资金盈余者和资金需求者，在此过程中，较为集中的银行结构可以通过规模效应降低信息成本，减少信息不对称招致的金融风险，从而有利于稳定。因此，保持金融业市场结构的适度集中有利于维护金融稳定。

5.3.2.2 金融组织结构变化对金融稳定的影响

金融组织结构的变化是影响金融稳定的重要因素，也是金融结构变迁过程中最表面、最直接的变化，因而也是最容易观察和了解的变化。

金融组织结构的突出变化之一就是混业经营。所谓混业经营，是指传统的商业银行通过自生或并购的路径进行组织扩张，成为开展综合性业务的金融控股集团。随着金融市场的发展，金融组织结构经历了从简单到复杂、从单元到多元、不断强化竞争和发展的过程。多元化金融机构的出现增加了金融产品与金融服务的供给主体，增加了金融产品和服务的种类与数量。金融机构的多元化还强化了其竞争行为，迫使金融机构不断进行金融创新，提高管理与服务水平，最终实现自身竞争力的提升。在混业经营的模式下，不同类型的金融机构间业务相互交叉、相互合作，能够更好地分散风险，获得更多的合作利润。这些变化有效促进了金融效率的提高和金融功能的更好发挥，增强了金融稳定的基础。总之，混业经营从推进金融效率提高的角度看，是未来金融业的发展趋势。

但是，混业经营带来的不稳定因素、对金融稳定的冲击也是不可避免的。例如，某单业务出现问题，会迅速传播到其他业务，具有明显的放大效应，如果控制不力，可能演化为金融体系危机。因此，在风险控制技术手段不过硬、风险监督和管理制度不健全时选择混业经营，不利于金融服务业的稳定，也不利于金融体系的稳定。

在 2008 年国际金融危机中，正是作为产品综合化的金融衍生工具——资产证券化产品造成了银行业的巨大损失，引发了全球性的金融危机。资产证券化产品在经济价值上受到多种金融品种的实质性影响，主要包括银行信贷、担保、证券承销与交易等，产品属性涵盖了银行、证券、保险、期货等各个市场类别。通过资产证券化，作为间接融资中介的商业银行退出市场，资金需求者和供应者之间建立起直接的融资关系；与此同时，本来应由间接融资机构承担的融资风险也相应地转移给了资本市场中的证券投资者，商业银行在出售信贷资产的同时也转移了风险。然而，综合化转型后的银行全面覆盖了信贷发放、信用增级、证券投资、基金发起、杠杆授信等市场环节，不仅回收了间接融资市场的信贷风险，还主动地吸纳了证券市场的投资风险。这种风险循环改变了证券化设计的基本功能，把银行推入全面市场风险之中。资产证券化产品并没有发挥预期的分散风险作用和风险规避效应。“多管齐下”的经营方式并没有减少系统风险，反而增加了风险传染性，导致了次贷危机。因此，在一国的金融监管制度框架中，必须对金融业出现的混业因素和风险加以高度重视和严格监管。

5.3.2.3 金融工具创新对金融稳定的影响

20 世纪 80 年代以来的金融创新促进了金融市场效率的提高，从根本上改变了整个金融业的面貌，但金融工具的创新通过改变风险配置方式和溢出行为，对金融稳定造成了潜在的负面影响。

金融工具创新的一个突出表现是金融衍生工具的迅速发展。金融衍生工具具有高杠杆性、投机性、虚拟性的特点，尤为突出地表现了金融创新所蕴含的高风险。金融衍生工具激活了分散在社会经济中的各种风险，其高杠杆性使风险不断向金融中介机构转移和积聚，导致虚拟资产过度膨胀，造成虚拟资产和实体经济的结构失衡。同时，金融衍生工具还强化了金融风险的溢出效应，从而使始于某个机构的某个微小冲击得以通过链式传导，引发系统性的危机和灾难。

5.3.2.4 融资结构变迁对金融稳定的影响

融资结构是金融结构的一种，反映了金融体系发挥核心功能的要素组成、相互关系与量的比率，因而是金融结构的核心内容。金融体系的核心功能是将资金从盈余部门转移到短缺部门，实现由储蓄向投资的转化。这一过程存在两种融资方式：直接融资和间接融资。“通过金融中介（不论是银行还是其他金融中介机构）以还本付息为条件的借贷行为属于间接融资；以‘买卖’股票、债券、衍生工具以及类似性质的金融工具的方式融出融入资金（不论经过几层金融中介机构的运作）均视其为直接融资。”从资金融入者的角度看，间接融资表现为各种形式的贷款，而直接融资表现为各种形式的国债、公司债券、股票、商业票据和金融衍生工具等。金融结构在变迁过程中，不断打破原有融资结构的平衡性，直到多种融资方式在某一时点达到新的平衡。

纵观世界各国融资结构演进的模式，融资结构大致分成市场主导型的直接融资结构和银行主导型的间接融资结构两类。融资结构变迁对金融稳定的影响实际上就是这两种融资结构的优劣及其各自对金融稳定的影响。

依靠金融市场的直接融资可以促进资源有效配置、改进企业治理结构。与银行主导型的间接融资相比，直接融资能够更有力地提高资源配置效率。直接融资规模较大，运作机制较灵活，流动性较高，市场主体的自主权较大，信息披露较完善，有利于资源配置和经济增长。但直接融资也可能成为不稳定的根源，其原因在于金融市场上存在着信息不对称，投资者很难获得内部信息，导致逆向选择与道德风险的倾向性较大，致使在市场上交易的金融工具和产品的价格偏离其内在价值并产生较大的波动。由于各个市场具有一定的相关性，因此可能使一个金融市场中的不稳定进一步扩散到整个金融市场中，最终引发金融危机。

与金融市场相比，虽然银行体系有能力开发与利用专门技术，降低交易成本，为投资者提供一定的资金，具有规模经济优势，但银行主导型的间接融资也存在着潜在的不稳定因素，因为银行体系面临着“短资长用”和银企关系过密的问题。银行资金来源期限与运用期限的不对称导致了资金流动性的不对称，易使银行陷入流动性困境中，恶化资产负债表，使银行面临挤兑和倒闭的危机，进而对整个金融体系产生冲击。银企关系过密使得银行对企业拥有一定的控制权，可以充分获得企业信息，而企业则会产生过度依赖银行贷款的心理。当企业资金周转不灵时，银行很可能非理性地继续为企业注资，使银行的不良贷款率提高。此外，银企关系过密还可能导致银行与企业共谋，损害中小股东利益。

市场主导型的直接融资与银行主导型的间接融资都具有一定的不稳定性和融资风险性。当企业的负债大多数来自以银行为代表的金融机构时，引发金融动荡的可能性会大得多。企业因为过度负债而偏离优化的融资结构，会导致自身陷入财务困境，削弱偿还能力，造成银行的呆账和坏账；银行的呆账和坏账过多，又会造成自身的经营困难；银行经营困难，银行间结算交易体系就会被破坏；企业还贷困难，资产价格缩水，股价下跌；银行开始收缩信贷，从而导致经济收缩，严重的就会引发经济、金融危机。企业过度负债通过上述机制，由局部偿付危机演化为全社会的金融危机。

5.3.2.5 金融开放结构变迁对金融稳定的影响

金融对外开放是金融结构演变的核心内容，也是最具风险性、挑战性的改革步骤。对外开放要求原先封闭的体系按照国际准则迅速进行结构性调整和转型，大大加快金融结构改变的进程。金融对外开放的前提之一是资本账户管制要宽松或者相对宽松。大规模的外国资本流入可能会对一国银行体系的资产负债规模和结构产生影响，银行可以较容易地从国际资本市场获得资金，银行的贷款会随之增加。当大量资本主要以短期资本的形式存在时，银行资金往往更多地投向流动性高的证券市场和房地产市场，容易推动资产价格的上涨。资产价格上涨反过来进一步刺激银行投资，如此反复导致资产泡沫。一旦出现经济冲击导致经济形势逆转，国际资本将停止流入甚至大规模撤出，资产价格在失去市场信心和资金支持的情况下就会大幅下跌，银行体系不良资产随之上升，严重的甚至会引发破产和危机。

金融开放结构的变化主要表现为银行以外币形式借入资金转贷国内市场，而不是投资于外国证券或者把资金带给国外，这将直接引起银行的外币净负债上升。在缺乏有效避险操作时，汇率风险将凸显，而短期资本大量流入相应的银行体系会形成大量的短期外债，给银行体系的稳定带来不利影响。像亚洲金融危机中的东南亚各国、20 世纪 90 年代初发生金融危机的北欧三国都存在这种特点。

因此，金融开放结构变迁中最核心的问题是结构变化的次序和速度。在当前经济全球化、金融全球化的大背景下，只有把握好开放次序和速度，才能稳步、有序地推进金融市场的开放进程。

6 金融创新与金融稳定

金融创新正在以几何级数的速度发展，其对金融稳定的影响也越来越大。

6.1 金融创新的概念

对于金融创新，目前国内外还没有统一的定义和解释。最早提出创新概念的是著名经济学家熊彼特。他在1912年的著作《经济发展理论》中对创新的定义是新的生产函数的建立，也就是生产所需要的各种生产要素的新组合。金融创新这个概念虽然源于熊彼特经济创新的概念，但是其内涵差异也比较大。对金融创新的理解主要包括三个层面。

一是宏观层面的金融创新。这个层面是将金融创新与经济金融发展过程中的每一次重大历史变革联系起来，认为金融发展史上的每一次重大发展和重大进步都离不开金融创新，金融发展史也就是金融创新史。在这种理解之下，金融创新存在于金融发展的整个过程中，银行业的发展、证券业和保险业的出现和壮大都是金融创新。金融创新不仅关系到金融机构的创新，还涉及金融市场、金融业务、金融制度、金融技术等。从这个层面来研究金融创新不仅涉及范围广、时间长，涉及的要素也复杂多变，因而难以对金融创新进行全面、系统、完整的研究。

二是中观层面的金融创新。在这个层面上理解的金融创新包括三个方面，即技术创新、制度创新和工具创新。技术创新是指采用新的生产要素或生产方法，或者重新组合现有的生产要素或生产方法形成新产品的过程。随着经济和金融的发展，不断涌现出新的金融机构或金融组织来提供更完善的金融服务，就是金融制度创新，主要是指金融组织的广度的创新。工具创新就是不断推出新的金融工具，也就是金融工具的广度的创新。这种层面上的金融创新可以解释为金融当局或金融体系解决经济发展过程中与金融不协调的内部运动的过程，最终实现了更高效率的金融体系。在这个层面上理解金融创新，研究时间限定在20世纪60年代以后，所以时间跨度相对于宏观层面的金融创新要短，在研究时既能界定时间范围，也能明确研究内容，即金融技术创新、金融制度创新、金融工具创新。

三是微观层面的金融创新。这个层面将研究内容限定于金融工具创新。主要包括四种类型：信用创新型、风险转移创新型、增加流动性创新型和股权创造创新型。目前市场中存在的金融创新工具有所有权凭证、融资工具、股权账户、衍生金融产品和组合金融工具等。

6.2 金融创新的背景

近几十年来，信贷产品快速发展，非银行金融机构如雨后春笋般发展起来。人们越来越关注经济增长的势头，而对这种强势发展中存在的潜在风险却关注不多。直到发生金融危机或者债务危机，人们才有意识地去了解这背后的原因和隐患。在投资膨胀、信用扩张崩塌之后，高增长的预期或者驱动力不存在了，就会发生系统性金融危机。新兴经济体中频繁出现投资膨胀和泡沫破裂，但实体经济依然稳定运行。直到 2008 年国际金融危机爆发，人们开始关注经济发展与金融稳定之间存在的矛盾。

从 20 世纪 50 年代开始，利率剧烈波动，给投资者带来了巨额的资本获利，也带来了巨额的资本损失，投资回报率的不确定性增大。人们为了降低利率风险、适应经济环境的变化，开展了金融创新。随着计算机和电子技术、电子商务、通信技术在金融业的应用，金融交易成本降低、金融交易更加便利，金融工具再次迎来创新，尤其是出现了证券化。与此同时，由于金融业是比较特殊的行业，因此受到了政府法规更为严格的管理。为了规避法规的约束、获取更高的收益，金融创新不断发展。

6.3 金融创新的理论基础

6.3.1 约束诱导性金融创新理论

1983 年 5 月，美国著名经济学家、金融学家威廉·西尔伯发表了一篇题为《金融创新的发展》的文章。该文章用直线模型详细说明了金融创新的动力和原因。他认为，追求利润最大化的微观金融组织，为了消除或者削弱来自内部和外部的金融约束而采取的一种自我突破、自我解救的行为，就是金融创新。来自内部的金融约束是企业的利润目标和增长率目标，来自外部的金融约束是政府监管当局的管制。西尔伯利用微观经济学对企业行为进行分析，解释了金融企业因为不能适应宏观经济环境变化而进行的金融创新。企业的这种行为是为了适应经济发展，为了顺应金融体系发展的需要，是一种自发的行为。

6.3.2 规避型金融创新理论

1984 年美国经济学家凯恩提出了为了规避现有的风险或者约束而产生的金融创新，即规避型金融创新理论。这种金融创新是为了合法地避免各种法律限制性法规。在机构内在要求与市场机制共同作用和相结合的过程中，为了规避各种金融控制，激发了金融创新行为。凯恩设计了一个管制制度，在这个制度下，制度执行程序和被管制者之间是相互作用的，两者之间是一个互动博弈的过程。当现行的规章制度对金融企业的运行有所限制，或者金融企业想要追求更大的利润时，金融企业就会通过创新来规避现有的管制制度；当这些创新影响到金融制度稳定时，政府会出台新的管制政策来加强管制，而金融企业为了规避新的管制政策又会产生创新。金融管制和金融创新在动态的发展过程中进行博弈。凯恩更为关注外部环境对金融创新的影响程度。

6.3.3 交易成本金融创新理论

主导金融创新的动机是降低交易成本，这是希克斯和尼汉斯提出的金融创新理论的总体概括。希克斯认为，交易成本和货币需求与金融创新之间是密切相连的。他指出，货币需求的一个重要影响因素就是交易成本。根据凯恩斯货币需求理论，货币需求分为三种类型，即交易需求、预防需求和投资需求。不同的货币需求产生了对金融工具的不同需求。如果交易成本过高，人们对货币需求的预期也会发生转移；如果交易成本较低，货币需求类型就比较容易转换。另外，货币也会向更高级的形式发展，满足不同的需求，这时就会促进金融创新，产生新的交易媒介和新的金融工具等。该理论认为，金融微观结构的变化，导致金融交易成本的变化，促进了金融创新的产生。这一理论虽然考虑了微观经济因素对交易成本的影响，但忽略了影响交易成本变化的外部经济环境等宏观因素。

6.3.4 制度学派的金融创新理论

以戴维斯、塞拉和诺斯等为代表的制度学派经济学家对金融创新的研究比较多。他们认为，制度创新也是一种金融创新，金融创新的本质是金融发展和相互影响的整体经济发展过程，是一个互为因果的变化系统。根据这种观点，所有金融制度改革都可以被看作金融创新。例如，政府为维持金融稳定、收入分配均等化进行的金融改革可以被看作一种金融创新，因为这种改革虽然有制定新的规章政策的特征，但并不是金融约束。根据这个理论，存款保险制度也可以被看作金融创新。

当然，金融创新理论远远不止这几种，还有格林和海伍德的财富增长说、格利和肖的金融中介说等。这些理论基本上都更关注金融实务，由于篇幅限制，这里不再一一赘述。

6.4 金融创新对金融稳定的影响

尽管金融创新在国内外没有统一的概念，但根据对金融创新的理解，中国学者认为金融创新包括三个方面：金融机构的创新、金融市场的创新和金融工具的创新。从金融创新的发展过程来看，每次金融创新对金融稳定的影响都不同。

6.4.1 对金融机构稳定的影响

金融创新使各个金融机构之间的界限更加模糊，分工也出现交叉。新的跨产品、跨市场的金融交易工具的出现使得原有监管机构的监管产生各种各样的问题，如重复监管、监管不足、监管缺位等。中国的金融业目前是分业经营、分业监管。随着金融机构的发展壮大，其发展的金融业务将逐渐趋同，表外业务将更加活跃，所积累的风险都不体现在资产负债表上，使得监管当局无法追踪、无法控制、无法预测。金融机构为了追求高收益，不断扩张信用，也增大了金融机构的风险。另外，中国即将出台的金融机构退出机制，都削弱了金融机构的稳定性。

6.4.2 对金融市场稳定的影响

在近年来的国际金融实践中，金融市场的运行逐渐与实体经济脱节，金融市场的波动不能真实反映实体经济的运行状况。这种现象的出现在很大程度上是投机力量操纵的结果，信息的不对称性和不完全性更加激发了这种现象。金融工具的创新为投机者的投机活动提供了更多的投机工具，更多的投机力量进入金融市场。原本金融市场的发展是为金融机构、金融中介、投资者提供便利，而投机活动的出现使得金融市场波动更加剧烈，金融衍生工具的出现更加剧了金融不稳定性。金融衍生工具的高杠杆性吸引了投机者，投机者利用低成本的衍生工具市场，通过杠杆效应影响现货市场的价格，使现货市场的价格波动幅度扩大、波动频繁。现货市场的不稳定加剧了实体经济的不稳定性，更促成了银行业与金融市场之间、各种金融产品与衍生工具之间的发展不平衡。金融衍生工具的风险被传递到现货市场，进而被传递到整个国家的金融体系中。在各国金融相互联系的今天，最终造成全球金融体系的不稳定。

6.4.3 对金融监管效果的影响

规避型金融创新理论认为，规避金融管制是金融创新的根本原因。在机构内在要求与市场机制共同作用和相结合的过程中，规避各种金融控制的动机激发了金融创新行为。在这种情况下，有效的金融监管是金融稳定的重要保证。但是，不断出现的规避管制的金融创新使金融监管变得相对困难和复杂。

金融创新使得新的金融产品不断涌现。对于跨产品、跨市场、跨期限的金融产品，其与金融市场资产之间的替代性加大，本国货币和外国货币之间的界限逐渐模糊，尤其是在开放资本项目本国货币可自由兑换的条件下，货币在国际市场上游走，不断转换币种，交易成本降低，广义货币和狭义货币之间的界限逐渐消失，对本国货币以及广义货币和狭义货币的计量也变得更加复杂。

多种高流动性融资手段的金融创新，使得中央银行的再贴现政策效力减弱，金融机构对中央银行的依赖性减弱。与此同时，金融创新使得各金融机构的职能趋同，经营的金融业务趋同。参与经营活期存款的金融机构越来越多，存款货币创造货币的能力逐渐放大，货币创造的主体趋于多元化。金融市场参与机构不再局限于中央银行和商业银行，这样，用于控制商业银行货币创造乘数的传统货币政策的作用也逐渐减弱。更多的金融组织、金融业务、金融工具脱离货币政策的控制，游走在金融监管当局的管理范围之外，削弱了中央银行控制货币的能力，更削弱了国家实施金融宏观调控的效果和影响力。

6.5 金融创新产品之影子银行对金融稳定的影响机理分析

6.5.1 影子银行的概念

2007 年 9 月，美国太平洋投资管理公司的执行董事麦考利（Paul McCauley）提出了影子银行的概念，并将其定义为在各类银行体系之外的、有银行之实而无银行之名的机构。随后，影子银行受到国际金融界人士的广泛关注，很多专家学者和机构对影子银行作了深入的研究。但影子银行是新生金融现象，存在一定的复杂性，业务类型也在不断扩展，因而目前国际、国内金融领域对影子银行没有形成统一且明确的界定。具体来说，国外金融界大多参考美国金融稳定委员会（FSB）的界定，影子银行的概念主要包括广义和狭义两个方面：从广义上说，影子银行是指在传统银行之外，能够提供信用中介功能的实体组织和经营活动；从狭义上说，影子银行是指在传统银行体系之外，可能会引发系统性风险等问题，从而给金融监管效果带来负面影响的信用中介体系。

相对于国外成熟的市场经济，在国内金融抑制和金融创新的背景下，我国影子银行的发展存在明显不同。我国影子银行的发展在一定程度上缓解了中小企业的融资困境，增添了金融市场活力，对传统银行起到了一定的替代和补充作用，有积极的效果。在我国，影子银行业务的参与主体主要是金融机构，所以影子银行与银行等金融机构之间具有密切的联系。虽然我国影子银行形式比较简单，但涉及范围较广，覆盖面既包含了传统商业银行，又包含了新兴互联网金融产业，成为当前金融创新的主要产品。我国影子银行发展的特点可以概括为：监管不足的非银行信用中介机构。

6.5.2 影子银行对金融稳定的积极影响

在我国的金融发展实践中，影子银行是在金融抑制的环境下产生的一种金融创新产品。影子银行体系是一种新型金融运作方式，跨越了直接融资和间接融资，具有有效促进实体经济发展的作用，推动了投资渠道的多元化发展，提高了金融效率。其存在对经济发展和金融系统发展具有积极意义。

6.5.2.1 弥补了传统商业银行的不足

在我国金融体系中，传统商业银行具有重要的主体地位。在我国，企业大多是负债经营，主要通过银行贷款获得融资。然而，我国中小企业资金不足，自身发展受限，普遍信用水平不高。出于严格的信贷管制和对安全性的考量，商业银行更倾向于将信贷资金分配给信用评级高、规模较大的企业。此时，影子银行以其产品种类繁多、风险较小的特点为中小型经济主体提供了多元化的融资渠道。对个人投资者而言，银行存款已经不能满足其日益增长的投资需求，迫切需要一种风险相对小、收益相对高的渠道进行理财投资。影子银行产品可以满足此类需求，因而受到个人投资者的青睐。所以说，影子银行的存在和发展弥补了传统银行体系的不足，提高了金融资源的配置效率和金融市场的流动性，完善了社会融资体系。

6.5.2.2 拓宽了信用创造的渠道

在我国的金融体系中，由于影子银行具有类银行的性质，能够进行吸收存款和发放贷款的操作，因此也有信用创造功能。同时，影子银行因为在发展中初期受到的监管和约束比商业银行要少，信用创造能力更强。影子银行一般以理财的方式进行融资，吸收了原本属于商业银行的大量储蓄存款，之后以资产证券化等形式进行投资，使资金进入信贷市场，拓宽了基础货币的信用创造渠道，提高了在金融市场上的资金流动性。

6.5.3 影子银行对金融稳定的消极影响

6.5.3.1 加大了传统商业银行的系统性风险

影子银行具有信用创造功能，可以提供高额利息，替代了部分商业银行的业务和功能，挤占了商业银行的业务发展空间，且分流了商业银行的存款，给银行的核心业务带来严重冲击。当受到不利冲击时，如果银行长期资产无法及时变现，就会产生流动性风险。另外，影子银行一般将通过挤出银行存款获得的这部分资金投向高风险业务，进一步加大了商业银行的流动性风险。我国金融机构之间业务往来较多、联系密切，面对共同的风险敞口，通过关联交易，银行体系的风险会扩散至整个金融体系，加大金融系统性风险。

6.5.3.2 削弱了货币政策的宏观调控效果

由于缺乏监管约束，我国影子银行的信贷规模会过度扩张。由于影子银行信贷规模数据的获得性不高，当政府制定宏观政策时，无法准确计算和统计社会货币供应量，因此会使政府制定的货币政策的实施效果大打折扣，进而给整体宏观经济带来影响。例如，当国家实施宽松的货币政策时，商业银行的信贷供给就会增加，企业主要通过银行进行融资，从而使影子银行的规模发展受到限制。相反，当国家执行紧缩的货币政策时，商业银行资金供给不足，尤其中小企业面临融资困境。影子银行将通过其信用创造功能增加信贷供给，在一定程度上弱化了货币政策的效果。因此，影子银行的信用创造功能增加了政府宏观调控的难度，降低了货币政策的实施效果。

6.5.3.3 加剧了金融体系的系统性风险

由于影子银行存在高杠杆率、期限错配、缺乏监管的特点，在运行过程中蕴含了较大的风险，最终会影响到我国金融体系的稳定。我国影子银行的资金一般来自短期市场，影子银行为了获取高额收益，会将资金投向长期金融产品。这种“短期融资+长期投资”的期限错配现象加大了影子银行的经营风险，进而加大了整个金融系统的风险。

7 金融稳定评估的指标体系

随着中国金融改革的深化，中国的金融稳定与国际金融市场因素越来越不可分割，二者关系越来越复杂，金融不稳定的存在期较长。因此，对金融体系进行完整的评估就显得尤为重要，这关系到了解金融状况、控制金融风险、维护金融稳定的工作。

7.1 国际金融稳定评估的研究和发展

7.1.1 金融监测指标研究的演变

在墨西哥金融危机、亚洲金融危机和2008年国际金融危机之后，金融稳定越来越受到关注，许多国际机构和经济金融学家都对金融体系的评估进行了系统的研究，选取有效指标来检测和分析金融系统的稳定性。

学者们对金融不稳定的影响因素进行了研究。例如，对于金融脆弱的根源问题，不同学者从不同角度进行了解释和研究，经济增长率的下降、汇率波动、证券市场价格的剧烈波动、国际贸易收支恶化等都是金融脆弱性的根源因素。Reinhart 和 Kaminsky（1999）认为，如果一个国家与另一个国家有共同的债权人，那么这两个国家中任何一个国家发生金融危机，另一个国家都有很高的概率被传染。Frankel 和 Rose（1998）、Sachs 等（1996）以及 Honohan（2004）的研究表明，在测度通货膨胀风险时，对外借款尤其是外币面值的短期债务可以反映通货膨胀的程度。随着对金融评估指标体系研究的关注度的升高，越来越多的学者参与其中，选择和使用的指标也越来越多。Reinhart 和 Kaminsky（1999）就用12个指标建立了指标体系来研究金融稳定。

学者和经济金融学家提出这么多指标的目的是建立一个统一的核心指标体系，来全面、真实地反映一个国家的金融稳定状况，并设立预警机制或为指标设立临界点来检测金融风险，防止金融危机的爆发。但是目前这一目的在国际上还未实现。

7.1.2 国际金融稳定评估的发展

1999年5月，国际货币基金组织和世界银行发起了金融部门评估计划（Financial Sector Assessment Program，FSAP）。这个计划主要是建立一个评估体系，对一国金融体系的各要素进行评估，如对金融机构、金融市场、金融监管和金融基础设施等的现有风险进行评价，并分析可能引起问题的根源，减少金融危机的发生。国际货币基金组织侧重于研究与宏观经济稳定有关的问题，特别是对金融体系的系统性风险的识别、预防和控制。国际货币基金组织从三个方面对金融系统的稳定状态进行评估。第一个方面是宏观审慎分析，运用压力测试来衡量金融体系如银行业对冲击的反应，用选取的金融稳定性指标来衡量金融体系的稳定状态，并给出稳定与否的结果；第二个方面是对金融基础设施进行评估，包括对支付清算体系、会计制度、法律体系等的评估；第三个方面是微观审慎分析，主要是针对金融业的银行业、证券业和保险业这些部门设置微观监测指标，分别对这三个部门进行评估和监控。这三个方面构成了金融稳定评估体系的框架，为不同国家设立符合各国实际情况的金融稳定评估体系提供了帮助。

亚洲金融危机之后，各个国家都积极参与到金融体系的评估工作中，主要发达国家和地区的中央银行如欧洲中央银行、美联储等还先后发布了《金融稳定报告》来呈现本国金融体系的稳定形势，并为本国提高金融体系的国际竞争力、促进金融发展提供建议和意见。

通过成立金融稳定研究所和开展金融稳定论坛活动等途径，国际清算银行评估全球金融体系的稳定性，找出最薄弱的环节，来提示可预见的风险并找出解决的办法。这种方法不仅可以对全球性的系统风险进行评估和监控，还可以在金融稳定的措施方面进行国际交流。

欧洲中央银行成立了一个金融风险的特别工作组。该工作组的要求是开发欧洲央行银行监管委员会的宏观经济金融指标，建立一个框架，宏观评价欧盟银行系统的稳定性条件。金融风险工作组建立宏观金融监管指标，将指数分为三种类型：第一种是与银行体系稳健运行相关的指标，第二种是与银行体系相关的宏观经济指标，第三种是传染性指标。

法国银行业协会通过对各银行的信贷投资组合分布进行具体分析，利用会计数据、监管数据、企业信用评级情况、银行信用评级情况以及资产风险调查等对银行体系的运行情况进行综合评价。

国际货币基金组织定期对全球的金融稳定性进行评估，并出版《全球金融稳定报告》。国际金融组织和国际监管机构为了提高金融系统的透明度、促进国际金融的稳定，制定标准做法程序和流程、加强对支付系统和清算系统的监管、逐渐完善资本协议、成立金融稳定学院等。目前很多国家都参与到国际金融组织的评估。国际货币基金组织发布的《金融稳健指标体系指南》，为统计金融稳定指数提供了一组参考指标，各国可以根据该指南选取适合本国金融实际的指标来形成本国的金融稳定评估框架。

7.1.3 金融稳定评估指标体系建立的基本思路

一国的金融体系是否健康稳定，是否能够防御宏观经济条件恶化和国际资本流动带来的冲击，已经成为各国政府和国际金融机构普遍关注的重要问题。维护金融稳定、防范和化解系统性金融风险是中国人民银行在监管职能分离后承担的一项重要责任。如何正确履行维护金融稳定职责，是中国人民银行亟待研究解决的重大课题。经过多年努力，中国人民银行基本形成了一套符合中央银行职能要求的方法和制度；建立了以“全科目”上报金融机构本外币信贷收支统计为基础，以非现场监管统计、货币统计和商业银行中间业务统计等为补充的中央银行金融统计体系；逐步建立了包括工业企业、物价调查、城镇储户以及银行家问卷调查制度在内的中央银行调查制度；形成了对宏观经济金融运行进行分析预测的分析框架；在金融数据共享和提高透明度方面也取得了明显进展。

然而，从世界各国的经验、教训来看，维护金融稳定是一项系统性、全局性的工作，仅靠监管金融机构不足以保证金融系统的安全。现阶段，我国亟须创建符合我国国情的金融稳定评估指标体系，防范和反映系统性金融风险。这是减小金融风险的重要手段，有利于降低维护金融稳定的宏观成本，对维护我国金融稳定以及推动社会经济可持续发展有着十分重要的现实意义。

金融稳定评估指标体系是各级人民银行对金融机构安全性变化、可持续性及金融业整体风险进行监测，用于客观、全面地判断和评价金融机构的风险，督促金融机构加强防范和化解风险，并对风险较大和风险突然加剧的金融机构进行审慎性分析和预警的方法及过程。研究建立金融稳定评估指标体系，监测与评估金融稳定是中国人民银行的主要任务之一。我们需要从与时俱进的角度来审视调查统计工作，要在实践中不断探索、创新金融统计指标体系，建立起更加丰富、更有助于观察和分析经济情况的数据信息体系，使统计数据的收集和分析满足中央银行全方位监测分析金融市场和开展金融稳定协调工作的需要。

衡量金融稳定的方法有很多种，本书提倡通过进一步研究，借鉴国际经验，学习FSAP、FSIs、各国金融稳定报告的框架及内容，结合我国的实际情况，对综合宏观审慎指标——经济指标和综合微观审慎指标——基础指标同时进行全面监管，并配之以合理的运作机制。

首先，以宏观审慎分析为框架。宏观审慎分析是金融体系稳定性评估（FSSA）的基础，也是IMF金融稳定性评估项目的基础，是从定性和定量两个方面分析金融体系稳健状况的方法。我国目前已成立金融稳定自评估小组。这是一个跨部门的、国务院领导下的机构，涉及的数据包括：金融机构审慎数据、宏观经济数据、压力测试和场景假设分析、市场指标、定性信息、反映金融体系性质的指标。宏观审慎分析关注用于分析宏观经济状况和金融发展趋势的宏观经济数据、用于分析宏观经济冲击对金融体系产生影响的压力测试和场景假设分析。

其次，以微观审慎分析为基础。传统审慎数据报告和分析的焦点是微观审慎对象。微观审慎分析就是要监测个体机构的风险影响，以及各种个体机构的集体行为给国民金融体系稳定性带来的风险。这类指标主要是建立在资产组合基础上，通过金融机构和其他部门审慎数据汇总后的总量指标，反映金融机构和其他部门整体的健康状况。

建立金融稳定评估指标体系就要对各种风险因素进行识别，并选取指标形成模型体系，才能全面和及时地发现存在的风险和隐患，发出警示并及时采取措施以减少损失。对金融危机的预警、评价，金融风险的防范和控制以及危机后的处置机制都是金融稳定工作的重要内容。

建立金融稳定评估指标体系要遵循几个原则。一是客观性。这要求建立的评级体系要符合一国金融业发展的具体情况，并且选取的指标和方式要与行业的生命周期相适应。从中国实际来说，中国的金融业是分业经营，就要针对银行业、证券业和保险业分别选取评估指标，来评价其稳定情况，并同时考虑到宏观经济环境的变化。二是科学性。对于指标的选取，要采用科学的方法和手段，并利用完善的、具有权威性和可靠性的模型反映金融稳定的实质。要尽可能以现代统计理论为基础，科学合理、简单易行地反映各时期金融稳定的情况。三是准确性。在设计指标体系时，应充分考虑已有资料来源的限制及资料渠道的真实可靠程度，保证数据处理准确无误，评价指标符合实际。金融稳定评估指标体系设计是否科学合理、数据来源是否真实可靠，直接关系到评价工作的质量好坏和能否准确反映金融体系的稳定情况。因此，在进行指标设计时应尽可能以现代金融统计理论为基础，充分利用统计部门已有数据体系，尽量将调查误差控制在最小范围内，以确保指标数值的准确性和权威性，进而确保评价结果的客观性。四是动态性。金融稳定是一个动态的概念，金融稳定是某一时期内金融体系的相对稳定。如果在不同时期金融体系发生较大变化，就要变动相关指标来真实反映金融稳定的内涵。五是可操作性。对于银行业、证券业、保险业和宏观经济的统计指标，尽量选取口径一致的、具有操作性的、能够获取相关数据的信息。六是全面性。由于影响金融稳定的因素杂而多，在选取指标时要分层次进行，在不同的层次上选取具有代表性的指标，这样才能更全面地反映金融稳定状况。金融稳定是金融体系运行的综合表现和结果，要客观地反映金融总体稳定情况，就要求建立的指标体系具有足够的覆盖面，但又不可能把所有影响因素都涵盖进去，这就要求将金融稳定的主导因素都考虑在内，综合反映金融活动的主要过程和主要方面的实际情况。七是协调性。金融稳定评估工作不仅仅是为了防范和控制金融风险，更重要的目的是优化配置金融资源，使金融资源在经济发展过程中发挥最大的作用，实现国家整体利益的最大化。因此，金融稳定和金融效率之间的关系要处理得当，这样金融稳定评估工作才具有意义。我国金融稳定评估指标体系的构建需要与国际规范接轨，统一协调的数据体系有利于提高金融市场的透明度，便于国际比较和交流，从而提高我国的金融监管水平和金融体系的稳定程度。现阶段，要积极研究 FSI 评价体系，结合我国国情，尽快设计使用反映我国当前金融机构、公司和住户部门金融健康和可靠性的指标体系，设计相应指标，对抗冲击能力和吸收损失能力进行日常监测。与此同时，我国也有责任和义务对 FSI 评价体系的推广和实施提出自己的意见，增进国际评估系统的有效性，并在此基础上进行国际金融合作与交流。

建立金融稳定评估指标系统是一个复杂的过程，一般有几个关键步骤：第一步是确定需要收集的数据源。在这个过程中要确定金融稳定评估指标体系所要评价的对象的信息。这些信息既要包括宏观数据也要包括微观数据，例如总量数据、结构数据等。这些数据信息可以通过哪些渠道获得，这些渠道是否可靠，这些信息是否可行、是否准确？一般情况下，这些数据主要来自国家统计部门、专业部门或一些专业提供数据服务的机构。在获得这些数据后要对这些数据进行分类和整理，并剔除不适当的信息来保证结果的有效性。第二步是建立基础指标库。根据国际或者国内的金融监管制度、标准，考虑到宏观经济的影响变量，并结合金融机构的治理模式以及风险控制措施，选取出能综合反映一国金融稳定情况的各种指标。获取这些指标的原始数据，对这些原始数据进行整理并依据一定的模式成立数据库。这就是基础指标库。之后再对每一个指标进行具体分析，看其能否成为金融评价模型的指标。第三步是对选取的指标用标准的、统一的计量方法进行处理，使其可以用于统一的模型。另外，对于各种指标的权重，可用多种数学方法来确定，然后根据设立的模型得出综合评价结果。对所选取的指标设定标准和临界值，与评价结果进行比较来判断得出的结果是否有效。第四步是建立预警模型。在这个过程中，不仅要对当前的金融稳定状况进行评价，还要对过去的情况进行分析，在这些分析和评价的基础上对未来金融体系可能出现的风险进行预测，根据预测的结果建立风险预警机制。第五步是对预警结果进行评价和分析。对于金融稳定的评价结果，要结合金融实际情况进行分析，看其与现实情况是否一致。对于预警的结果，分析其潜在的隐患和风险，找出根源所在，并进行压力测试，来评价金融系统承受冲击的能力。第六步是根据第五步的结果提出对策和建议。在对预警结果进行分析之后，各部门和机构针对存在风险隐患的地方，要采取措施防范系统性的金融风险。

7.1.4 其他国家的金融稳定评估指标体系

维护金融稳定的一个重要手段就是构建有效的金融稳定评估指标体系。金融市场的参与主体并非完全理性，加上宏观经济环境不断变化，金融具有不稳定性。但是在某种程度上，可以通过预测这种不稳定性来减少风险。金融稳定评估指标体系的核心内容是金融稳定评估指标的设计和选取。

总结世界的经验，金融稳定评估指标体系在西方国家主要包括微观审慎指标和与金融体系相关的宏观经济指标。微观审慎指标主要是在 CAMEL 指标评价体系的基础上增加了基于市场的指标，与金融体系相关的宏观经济指标主要有经济增长率、国际收支余额、通货膨胀水平、利率和汇率水平、资产价格等。

7.1.4.1 美国的金融稳定评估指标体系

(1) 美国金融监管当局的评价指标体系

美国联邦金融监管当局的 CAMEL 指标评价体系主要用于银行的现场评级。CAMEL 主要包括资本状况（capital）、管理水平（management）、收益状况（earnings）、流动性（liquidity）和对市场风险的敏感度（sensitivity）5 个方面。

CAMEL 指标评价体系是通过 6 大指标体系（见表 7.1）来评价、确定问题银行，并及时采取措施，防止风险，维护金融体系的稳定和安全。核心指标体系主要集中在风险评估，更强调资本的安全性，收益性和流动性是次考核的内容。以资产质量考核为例，资产质量的评级标准是根据风险程度将贷款分为 4 类：正常贷款，风险系数为 0；不合标准贷款，风险系数为 0.2；有疑问贷款，风险系数为 0.5；难以收回贷款，风险系数为 1。根据贷款质量和风险系数，加权计算出资产质量比率，再根据资产质量的等级情况给予不同的关注，并采取相应的措施（见表 7.2）。

表 7.1　美国 CAMEL 指标评价体系（主要定量指标）

资本状况（共 7 项）	资产质量（共 12 项）	收益状况（共 19 项）	流动性（共 12 项）
资本充足率	不良贷款比例	平均资产收益率	贷存比
一级资本充足率	呆账准备率	平均核心资本收益率	流动资产占比
负债率	呆账准备覆盖率	效率比例	客户存款/总存款
资本比率	贷款净损失率	平均筹资成本	平均银行间融资/总融资
……	贷款集中度	平均利息收益	外币资产/外币负债
……	……	利差	……

注：CAMEL 指标评价体系中，定量指标还有 7 项效率类指标和 4 项营业收入结构类指标。

表 7.2　CAMEL 指标评价体系下资产质量评级表

级别	资产质量比率	评价
A	5%以下	资产质量很高，风险很小
B	5%~15%	资产质量比较好，管理水平较高
C	15%~30%	资产质量存在一定程度的问题
D	30%~50%	贷款集中度过高，资产质量差，管理水平不高
E	50%以上	资产质量很差，有破产可能

在衡量资产质量时除了资产质量比率指标外，还要考虑贷款集中度、贷

款的还款期限、呆账准备率等因素，分别对这些方面进行评级，然后进行综合评级。对于综合评级，可以将这几个方面进行简单平均，也可以采用加权平均的方法（见表 7.3）。

表 7.3 CAMEL 指标评价体系综合评级表

级别	评价	监管
A	安全稳健的一流银行	各方面指标都比较优秀
B	正常运营的银行	银行正常经营有可改进的缺陷，监管部门可以忽视
C	有一些问题的银行	存在一系列缺陷，监管者需要特别注意
D	有严重财务问题的银行	监管部门应采取相应措施
E	濒临破产的银行	急需充实资本，并对高层管理进行变革

CAMEL 指标评价体系被认为是一个效果显著、可靠性强的评价体系，逐渐从原来的现场检查被用到非现场检查的实践中。但是该系统的缺点也逐渐暴露出来。这些相关指标都是事后分析，而且有效期比较短，不适用于对银行未来的长期发展进行预测。

除了 CAMEL 指标评价体系外，美国监管当局还有很多指标体系是针对金融机构非现场风险评级开发的，如 BOPEC 评级指标体系。这个体系的评级与 CAMEL 指标评价体系类似，包含的指标主要有子银行（bank）、非银行子公司（other）、母公司（parent）、总收益（earnings）、总资本（capital）。

（2）联邦存款保险公司的评级指标体系

一是 CAEL 体系。这个体系对存款保险公司的资本充足性、资产质量、盈利能力和流动性这四个主要量化指标进行评级，主要是比上期和本期的被监管对象的业绩是否发生明显的恶化。

二是 GMS 体系。这是美国联邦存款保险公司 1980 年开发的成长性监视系统，主要是对成长出现异常的金融机构进行监控，便于及早发现潜在的银行危机。

三是 SCOR 体系。这是 1998 年美国联邦存款保险公司代替 CAEL 体系开发的监管银行和储蓄机构风险的指标体系。主要选取逾期贷款、流动性资产、流动性负债、投资收益等指标，利用数理统计的方法对金融机构进行综合评价。将本次的评价结果和上次比较，并预测下期的结果。

（3）美国货币监理署的 BC 指标体系

美国货币监理署在 2000 年开发出银行测算系统（bank calculator），主要对资产组合、内部经营和外部环境三大类指标进行综合分析。该指标系统的主要对象是濒临倒闭的银行和出现问题的银行，在形势恶化之前发出预警信号。

（4）美国财政部的 CBSS 评级体系

美国财政部金融局从 1985 年开始通过社区银行评分系统（community bank scoring system）来对社区银行的经营状况进行评级。利用预警系统测试对社区银行进行评级，将评级较低的银行列入问题银行，并采取严格的监管措施以解决出现的问题。

（5）专业评级机构的评价体系

专业评级机构主要是为金融机构提供资信评级服务。世界著名的信用评级机构有穆迪投资者服务公司、标准普尔和惠誉国际信用评级公司。这三大信用评级机构定期对金融机构进行评级并出具评级报告。虽然它们的评价方法和指标体系有所差异，但是都包括了 CAMEL 指标评价体系的几个主要量化指标。

穆迪公司信用评价指标体系主要包括四大类指标，即资产流动性、负债比率、金融风险和资本效益（见表 7.4）。

表 7.4　穆迪公司信用评价指标体系

一级指标	二级指标
资产流动性	流动资产与流动负债比率
	迅速变现资产比率
	现金和视同现金资产比率
负债比率	纯资产对长期负债的比率
	长期负债占全部自由资本比率
金融风险	纯资产与债券发行额的比率
	盈利对债券利息比率
	纯资产与股份的比率
资本效益	销售毛利率
	销售成本率
	销售利润率
	总资产税后收益率

标准普尔公司信用评价指标体系主要包括三类指标，即产业分析指标、财务分析指标和风险分析指标（见表 7.5）。

表 7.5 标准普尔公司信用评价指标体系

指标	分类指标	单项指标
产业分析指标	朝阳、夕阳产业评分	—
	竞争能力	生产设备利用率
		生产率
		技术开发力量
		销售比率
财务分析指标	收益	销售利润率
		投资盈利率
		付息能力
	弹性	资金流动比率
		流动比率
		速动比率
风险分析指标	信托证书评价	—
	债券优先评价	—
	国际风险	—

7.1.4.2 欧洲的金融稳定评估指标体系

2000 年欧洲央行成立了一个金融风险工作组。这个工作组根据欧洲央行银行监管委员会的要求开发金融宏观监测指标，并建立金融宏观审慎分析的框架，来评价欧盟银行体系的稳定状况。这个金融风险工作组在建立金融宏观监测指标时，将指标分为三种类型：第一种是与银行体系稳健运行相关的指标，第二种是与银行体系相关的宏观经济指标，第三种是传染性指标。

欧洲央行认为，金融稳定性要通过以下七个方面的指标来体现：①信用指标体系，从各个方面如用户部门、其他非金融公司和机构等角度来考察金融业信用情况的变化，涉及的指标主要有贷款统计、用户贷款额度、非银行金融机构贷款额度等。②竞争环境指标体系，主要反映金融业市场竞争情况，主要指标有新生贷款的数量、新设立金融机构的数量及份额等。③金融机构效益和质量指标体系，主要对金融机构的资金实力和抗风险能力进行分析，主要采用收益情况和资本充足情况指标。④金融脆弱指标体系，主要是衡量金融风险的，包括非银行金融机构的负债比率、居民用户的金融资产中负债的比率以及储蓄率等指标。⑤资产价格指标体系，主要是用股票指数指标来反映资产价格的波动情况及其带来的金融风险。⑥周期性和货币性的指标体系，主要从货币的角度考察相关宏观经济指标，包括对经济周期的衡量，如 GDP 增长率、总投资增长率、通货膨胀率等指标。⑦道德风险指标体系，考察债务人的违约情况。

7.1.4.3 国际货币基金组织的金融稳定评估指标体系

国际货币基金组织在 2003 年发布了《金融稳健指标体系指南》，为各国建立金融稳健指标（Financial Soundness Indicator，FSI）提供了依据。这个金融稳健指标体系囊括的数据指标可以从宏观经济核算中得到。该指标体系不仅可以从微观上监测金融机构的风险，还可以从宏观上监测总体的系统性金融风险。该指标体系可以比较全面地反映金融体系的运行情况，其系统性和综合性程度较高，几乎涵盖了所有可能导致金融风险的因素，既包括对经济总量活动的衡量，也包括对金融市场个体活动的衡量。该指标体系选取的指标尽量与国际惯例接轨，便于国际交流，还考虑了不同国家的特殊情况，便于不同国家根据该框架来制定符合各国实际的金融稳定评估指标体系。该指标体系在应用上具有扩展性，对宏观审慎的分析可以随着经济的发展来变更和增加更适合经济发展状况的数据，而且各项指标简明易用，在时间上也具有连续性。

FSI 核心指标集和 FSI 鼓励指标集构成了金融稳健指标体系的指标集。FSI 核心指标集是目前国际货币基金组织构建金融稳健指标体系的核心内容，主要针对银行体系的风险进行监控，通过 14 个指标监测银行面临的不同风险情况，并依据这些指标的取值对银行的稳健情况进行分析和判断（见表 7.6）。

表 7.6 FSI 核心指标集

考察内容	统计指标
资本充足性	调整的资本对风险加权资产的比率
	调整的一级资本对风险加权资产的比率
资产质量	呆账占全部贷款的比率
	呆账占全部资本的比率
	贷款在各经济部门的分布比率

续表

考察内容	统计指标
盈利能力	资产利润率
	资本利润率
	利息收入占总收入的比率
	非利息支出占总收入的比率
流动性	流动资产占总资产的比率
	流动资产对短期负债的比率
市场风险敏感度	资产平均期限
	负债平均期限
	外汇净头寸对资本的比率

FSI 鼓励指标集便于对银行和非银行金融机构的金融部门进行全面考察，可以预见潜在的系统性金融风险，补充核心指标不能评估到的潜在风险（见表 7.7）。

表 7.7 FSI 鼓励指标集

考察对象	统计指标
银行部门	资本与资产比率
	各地区贷款分布状况及其占全部贷款的比率
	金融衍生资产余额占资本的比率
	金融衍生负债余额占资本的比率
	交易收入占总收入的比率
	人员开支占非利息开支的比率
	基准存贷款利差
	同业拆借最大利差
	私人储蓄存款占总贷款（不含银行间贷款）的比率
	外汇贷款占总贷款的比率
	外汇负债占总负债的比率
证券市场流动性	证券净持仓量占资本的比率
	证券市场平均买卖差价
	证券市场日平均换手率

续表

考察对象	统计指标
非银行金融机构	非银行金融机构资产占金融系统资产的比率
	非银行金融机构资产占 GDP 的比率
	总债务对权益的比率
	资本回报率
	收入占利息和本金支出的比率
企业	企业外汇净头寸占资产的比率
	债权人申请破产保护的数量
家庭	家庭债务占 GDP 的比率
	家庭还本付息额占收入的比率
房地产市场	房地产价格指数
	居民房地产贷款占总贷款的比率
	商业性房地产贷款占总贷款的比率
保险机构	资本与资产的比率
	资本回报率
	证券资产占总资产的比率
	流动资产占现金的比率
	外汇净头寸占资本的比率

7.1.5　中国金融稳定评估的进展情况

中国在 2003 年由中国人民银行牵头，组织多部门单位组成专门小组，开始了第一次中国金融稳定自评估。这一次的金融稳定自评估涵盖的内容范围比较大，主要包括宏观经济环境对金融稳定的影响，金融基础设施情况，金融业的稳健性和脆弱性，金融市场的稳定状况，金融机构的公司治理状况，跨部门、跨市场金融风险的分析与防范，等等。最终出具了中国第一份金融稳定评估报告。

2008 年国际金融危机之后，对一国金融体系的评估工作变得更为重要。中国也于 2009 年 8 月正式启动 IMF 的 FSAP 评估。2009 年 9 月，FSAP 部际工作小组各成员单位与 IMF 和世界银行进行了充分的交流和沟通，双方就中国 FSAP 评估范围和评估工作进程等基本达成一致意见，并据此签订了《中国金融部门评估规划评估范围备忘录》作为中国开展 FSAP 评估的工作指引。

7.2 中国金融稳定评估指标体系的筛选

7.2.1 中国金融稳定评估指标选取的依据

金融风险的诱因非常多，从中选取具有代表性和灵敏的反应能力的指标是建立金融稳定评估指标体系的关键。在选取指标时要考虑到以下几个方面。

7.2.1.1 深入理解金融稳定的本质和内涵

金融稳定是金融体系一个时期状态的体现，是一个动态的过程，所以在进行监测时要关注更为全面的风险。不仅要关注金融机构个体的特殊风险，更要关注整个金融体系的系统风险；不仅要关注金融系统层面的运行状况，更要关注整个经济体宏观层面的运行状况。另外，所选取的指标及其权重不是保持不变的，而要与经济整体和金融体系的运行相适应，进行适时的调整和变化，使整个指标体系更加完善和有效。

7.2.1.2 认识金融风险的主要因素

金融风险的诱因很多，要辨别出哪些是主要因素，哪些是次要因素。从大体上来说，中国的金融风险主要包括五个方面，即汇率风险、外债风险、银行系统不良资产风险、证券市场风险和币值稳定风险。中国的金融体系是银行业占主导地位的系统，因此银行业的主要危险因素是中国金融动荡的主因。银行的稳定性是金融稳定的重要组成部分，同时随着银行之间竞争加剧、国有银行的市场集中度下降，银行系统的风险越来越复杂，银行成为整个经济金融领域最易发生风险的部门。不仅要关注银行系统的资产充足情况、盈利情况，更要关注流动性情况。

7.2.1.3 借鉴国际金融稳定评估的经验

前文已经阐述了美国、欧洲以及国际货币基金组织的金融稳定评估指标体系。中国金融稳定评估指标体系的构建应逐渐与国际货币基金组织的金融稳健指标体系保持协调性，并调整中国的金融统计制度，使统计方法和统计模型更能体现金融稳定的实际情况。中国应参考金融稳健指标体系的框架，借鉴其他国家的经验，逐步建立与国际标准接轨的金融稳定评估指标体系。

FSI 体系将监测金融稳定的内容分为三个层面：第一个层面是宏观审慎监管。这个层面通过对金融市场状况的监管，获取金融市场数据和早期预警指标，来评价宏观经济波动和资产价格波动的风险；对于非金融机构的企业、家庭用户和房地产市场，通过负债比率、资产回报、外汇风险、房地产价格等指标来进行监测；对与这些非金融机构具有借贷关系的银行金融机构的信贷风险、市场风险、流动性风险，利用资产质量、外汇与利率风险、流动资产状况、市场流动性情况来进行监测；利用资本比率和资本回报率指标来考察银行金融机构的资本充足率情况。这些都是保证金融结构合理、金融体系功能发挥完善，构建金融安全网的必要条件，有利于提高货币政策的执行效率。第二个层面是对金融中介体系运行状况的监管。通过对利率的变动情况、信贷市场的分布、信贷机构情况、私人部门的信贷集中度、私人部门和政府部门的债务结构以及其他宏观经济数据的监控，来了解经济与金融之间的联系性，例如私人部门投融资情况、银行部门持有国债的情况、金融部门持有政府证券的情况等。这个层面主要监控经济与金融之间风险的传递过程和效应。第三个层面是对宏观经济状况的监管。主要考察宏观经济的发展状况、经济周期过程和整个宏观经济体的债权债务状况及其承受能力等，主要通过跟踪监测资本成本、生产率和工资增长率、实际汇率和名义汇率变动、外汇增长等经济指标来进行。结合中国的实际情况，考察金融稳定不仅要考虑宏观经济与金融体系之间的联系性和稳健情况，还要考虑家庭住户、政府、企业的财务状况，以及金融基础设施的运行和进展情况。

7.2.2 宏观经济指标的筛选

宏观经济的变化趋势也显示了金融体系的运行状况。如果发生银行危机，宏观经济指标也会发生变化。宏观经济发生不良变化也会影响到金融体系的发展，严重的会造成金融危机。所以宏观经济指标的选取非常重要。

中国可以借鉴 FSAP 宏观经济指标构建中国宏观经济稳定的核心指标集（见表 7.8）。

表 7.8 FSAP 宏观经济指标

考察内容	统计指标
经济增长	经济增长比率
	行业性景气指数

续表

考察内容	统计指标	
国际收支	经常项目赤字	
	外汇储备充足性	
	外债	期限结构
		贸易条件
		资本流动的组成及期限
利率及汇率	利率及汇率的波动性	
	国内实际利率水平	
	汇率的可持续性	
	汇率保证	
通货膨胀	通货膨胀率的变化	
贷款及资产价格	贷款增加规模	
	资产价格波动情况	
传染效应	金融市场的相关性	
	贸易影响	
其他因素	指令性贷款及投资	
	银行系统给予政府的支持	
	经济中的逾期债务情况	

7.2.2.1 经济增长指标

经济增长形势的变化体现了一国宏观经济的发展。可以用人均生产总值的增长、国民收入的增长、人均收入增长率来衡量经济增长。尤其是国内生产总值及其增长率能直观地反映宏观经济状况，在国民经济核算体系中算是相对比较全面的指标。对经济增长情况的考察有利于预测经济发展的趋势和所处的经济发展周期。

7.2.2.2 通货膨胀指标

币值的稳定程度可以用通货膨胀来反映。通货膨胀指标全面反映了物价的变动情况以及投资信贷的变动情况。通货膨胀程度较高的话，货币贬值比较严重，可能会引发银行的挤兑效应和金融系统的支付危机。根据西方经济学理论中的奥肯定律可知，通胀率较低意味着这个国家的失业率较高，同样会影响整个经济的发展。一般情况下利用价格指数来衡量通货膨胀。

7.2.2.3 国际收支指标

国际收支状况是一国经济中的外部均衡问题，国际收支不平衡是导致金融风险的关键因素。中国对外开放程度不断加深，所以更应该重视国际收支指标。一般情况下，主要通过经常项目的变动情况、资本和金融项目的变动情况、外汇储备情况、短期外债和资本国际流动情况来考察国际收支状况。

7.2.2.4 证券市场价格指数

证券市场是金融市场中最重要的组成部分，股票市场的价格是整个宏观经济的晴雨表。中国沪深两市的股票流通市值已经达到了国内生产总值的30%以上。股票市场价格的变化不仅反映了利率的变化，还反映了资金的流向并间接影响了银行资金的运动，与金融稳定有直接的关系。

7.2.3 微观审慎指标的筛选

对金融稳定进行评估不能仅仅依赖宏观指标，微观指标能更直接地体现金融机构出现的问题和面临的风险，所以微观审慎指标的选择非常必要且重要。微观指标的选择主要针对银行业、证券期货业和保险业三大金融业部门以及企业、住户、政府、房地产市场等非金融部门。

考察银行业的稳定情况，主要利用的是银行业的资产负债表、损益表以及相应的监管指标。①行业结构情况，主要考察银行业存款机构的数量以及增减变动情况、从业人员的数量以及变动情况、存款性机构的资产规模以及集中度等。②资本充足情况，用核心资本充足率来考察。③资产质量，主要考察不良贷款的情况、呆账准备金的情况、不良贷款的分布和结构等。④银行的管理能力和盈利能力，主要用银行的支出与收入变动及其结构、资本利润率、资产利润率、利息收入、非利息支出、营业收入等指标来衡量。⑤银行面对市场风险的处置能力，主要用资产和负债的持续期、外汇敞口头寸等指标来衡量。⑥银行流动性，主要用一些财务指标来衡量，如流动比率、速动比率等。

对证券期货业以及保险业的稳定性评估主要从其市场结构、盈利能力和安全性几个方面进行。

非金融企业的稳定情况，可以用资产负债率、流动比率、融资应收账款周转率、销售收入增长率、利息保障倍数来衡量。

对于家庭人均收入稳定情况，可以通过居民个人支出、可支配收入等指标来考察。

房地产市场稳定状况可用房地产价格指数、房地产投资额度、房地产开发面积、房地产贷款额度等指标来衡量。

7.2.4 中国金融稳定评估指标体系

中国金融稳定评估指标体系是根据 FSAP 的指标框架，结合中国的金融统计情况来设计的。宏观经济指标，银行业稳定指标，证券期货业稳定指标，保险业稳定指标，金融市场稳定指标以及政府、企业和住户财务分析指标构成了中国的金融稳定评估指标体系。再加上对金融基础设施运行情况的分析以及中国宏观审慎管理的实践分析，共同构成了中国金融稳定评估报告的主要内容（见表 7.9）。

表 7.9 中国金融稳定评估指标体系

指标	考察内容	统计指数
宏观经济指标	经济运行状况	经济增长率、产业结构状况（各产业的增长情况）、通货膨胀率（主要价格指数变动情况）
	国际收支状况	经常账户情况、外债指标、外汇储备情况、贸易条件、国际资本流动的结构与期限
	财政状况	收入情况（收入额度、收入结构）、支出情况（支出额度、支出结构）
	国内需求状况	固定资产投资总额、社会消费品零售总额、货物进出口总额
	社会融资规模	社会融资规模增量、社会融资规模存量
	货币供给情况	M2 和 M2/G
	就业情况	就业人数、失业人数
	价格指数	利率、汇率变动情况
银行业稳定指标	资本充足情况	资产规模、存贷款余额变动情况、核心一级资本净额、一级资本净额、资本净额、核心一级资本充足率、一级资本充足率、资本充足率
	资产质量情况	不良贷款额度、不良贷款率
	流动性指标	流动性比例、存贷比、人民币超额备付金率
	盈利能力	净利润、资产利润率、资本利润率、净息差、非利息收入占比、成本收入比
	信用风险指标	不良贷款余额（次级类贷款、可疑类贷款、损失类贷款）、不良贷款率、贷款损失准备充足率、资金拨备覆盖率
	市场风险指标	市值敏感性比率、累计外汇敞口头寸比例
	压力测试	—

续表

指标	考察内容	统计指数
证券期货业稳定指标	资产状况	总资产规模、各类机构的数量、规模
	盈利能力	资产利润率、资本利润率、手续费及佣金收入、自营业务收入、利息净收入
	流动性指标	净资产、净资本、净资本/负债、净资产/负债、净资本/净资产，净资产与净资本的流动性指数
保险业稳定指标	资产状况	资产规模、总资产、保费收入（财产险保费收入、寿险保费收入）
	管理能力	资金运用效率、偿付能力、保险赔付和支出情况
	结构指标	市场集中度、保险深度、保险密度
金融市场稳定指标	拆借和回购市场	交易量、市场流动性、利率波动情况
	债券市场	发行量、市场参与主体数量、期限结构、成交量、债券指数
	股票市场	总市值、流通市值、股票估值情况、市盈率、市净率
	期货市场	交易规模、参与主体数量
	票据市场	票据签发数量、金额、贴现和再贴现额度
	黄金市场	黄金价格波动情况、成交量和成交金额情况
	外汇市场	成交量、成交金额
	房地产市场	房价、新建商品住宅价格、二手住宅价格、商品房销售面积、商品房销售额、房地产开发投资额、房屋新开工面积、房地产信贷情况（主要金融机构房地产信贷余额及增速、地产开发贷款余额、房产开发贷款余额、个人住房贷款余额、房地产贷款余额）
	市场融资结构	股票融资及规模、债券融资规模
政府、企业和住户财务分析指标	政府部门	财政收入、收入机构（税收和非税收收入）、财政支出、支出结构、政府债务水平（中央财政国债余额、地方政府债券余额）
	企业部门	盈利状况（主营业务收入、利润总额、资产周转率、存货周转率）、偿债能力（资产负债率、流动比率、速动比率、利息保障倍数、应收账款净额）、原材料购进价格指数、生产资料综合价格指数、国内订单指数、出口订单指数
	住户部门	住户存款余额及增速、购买理财产品额度及增速、城乡居民收入状况、人均可支配收入、不良贷款（经营性不良贷款和非经营性不良贷款）、个人住房按揭贷款、个人信用卡贷款、个人汽车贷款

7.3 中国金融稳定评估的完善方向

中国金融稳定评估报告的发布没有几年，所以金融稳定评估指标的研究和系统性金融风险预警机制的建立都还处于起步阶段。目前，中国的国家统计局网站、中国人民银行网站、银保监会以及证监会网站会定期发布相关的宏观经济统计指标以及有关金融部门的一些非现场监管指标。今后，中国金融稳定评估工作需要完善的地方有：

第一，实时完善指标体系。未来的金融稳定评估工作要根据中国的实际情况，进一步完善金融稳定评估指标体系，强化金融体系的脆弱部门或市场监管，并构建起相关的统计指标来进行实时监控。

第二，选择更权威和更可靠的指标来体现金融体系的稳定状况。不同国家在不同的经济周期中，各种指标的表现各不相同，所以要选择更合适、更准确的指标来表现经济的整体状况。

第三，指标的选择要更简单、更具代表性并且更易操作。设立核心指标集来充分体现金融市场和金融机构的状况，这些指标要与国际标准具有可比性并与国内实际相符。

第四，交叉领域要选取更具代表性的指标并对其进行严格的区分以免重复。有些综合指标可能与个别指标的作用相反，反而会误导信息接收者，要进行具体分析和详细解释。

第五，对全国进行金融稳定评估时要注意地区发展不平衡带来的金融体系运行不平衡，如农村金融稳定状况与城市金融稳定状况的差异、东部沿海发达地区和西部欠发达地区金融市场环境不同造成的金融稳定状况的差异。

8 中国金融稳定性现状分析

8.1 中国金融稳定现状

2018年以来，世界政治经济格局发生了深度调整变化。外部不确定性的增加，使得中国经济金融体系面临的外部环境日趋复杂。即便如此，在世界主要经济体中，中国经济仍然保持了较高的增长水平；而且随着防范化解重大风险、精准脱贫、污染防治三大攻坚战的推进，经济增长质量持续改进；供给侧结构性改革在复杂多变的环境中持续向前推进，中国金融体系弹性增强，金融运行总体稳定。

当前和今后一段时期，影响和威胁全球金融稳定的风险因素也在增加，特别是全球贸易保护主义抬头，中美经贸摩擦对全球和中国的宏观经济和金融市场构成负面影响。同时，美国等主要发达经济体货币政策的调整也可能引发全球流动性收紧，并对新兴市场国家形成外溢效应。国内方面，中国经济金融体系中多年累积的周期性、体制机制性矛盾和风险正在水落石出，经济运行中结构性矛盾仍较突出，调整体制机制性因素需要一个过程，化解潜在的风险隐患需要付出一定的成本。在推进供给侧结构性改革和防范化解重大风险的过程中，随着金融监管的加强，一些周期性的风险事件逐渐暴露，金融市场乃至宏观经济将感到"阵痛"，是可以预期、也应当接受的情景。

2017年全国金融工作会议召开，未来一段时期金融改革发展和维护金融稳定的大政方针和顶层架构已经确立，2017年底国务院金融稳定发展委员会成立，2018年"两会"后又进一步强化和完善，监管体制也作了调整。在新的架构下，金融监管协调机制切实加强，货币政策、财政政策、监管政策、产业政策之间的协调机制更加有效，以中央银行为核心的宏观审慎管理理念和框架逐步确立，系统性风险防范机制进一步强化。同时，审慎管理的基本制度逐步改进，以治理影子银行为导向出台资产管理新规，以治理金融控股集团野蛮成长为导向出台非金融企业投资金融机构监管指导意见，启动金融控股公司模拟监管，加快制定金融控股公司监管办法，补齐监管制度短板；持续开展互联网金融风险专项整治；建立金融市场外部冲击风险应对机制，保持股市、汇市、债市、房市的基本稳定，保持人民币汇率在合理均衡水平上的基本稳定；金融改革开放加快推进。此外，系统性风险监测评估不断加强，央行金融机构评级体系初步建立，跨境融资和资本流动宏观审慎政策不断完善。2017 年以来，一系列措施收到了显著成效，宏观杠杆率过快上升势头得到遏制，金融风险总体收敛，金融乱象得到初步治理，资管业务逐步回归代客理财本源，债券市场刚性兑付有序打破，市场约束显著增强，金融机构合规意识、投资者风险意识显著提升。总体看，我国经济金融风险可控，不会发生系统性风险。

在推动实施防范化解风险的各项政策时，金融管理部门也十分注意把握政策节奏和力度，加强预期引导。2018 年以来，面对经济金融领域的新情况、新变化，特别是中美贸易摩擦等不确定性，加强政策预调、微调，实施稳健中性货币政策，保持流动性合理充裕，调整宏观审慎评估参数，支持银行表外融资回表，保持社会融资规模合理增长。

2019 年中国宏观经济金融政策的前瞻性、灵活性进一步提高，协调性、有效性进一步增强，中国金融改革的深度和广度进一步拓展，对外开放的步伐只会加快不会放缓。随着三大攻坚战特别是防范化解重大风险攻坚战在“稳定大局、统筹协调、分类施策、精准拆弹”的基本政策指导下持续推进，体制机制性风险逐步得到平稳治理和化解，中国宏观经济和金融体系的稳健性进一步提高，金融稳定运行的基础更加稳固，金融服务实体经济的能力和风险抵御防范能力进一步增强。

8.1.1 金融业

自 2008 年全球经济危机以来，全球经济复苏缓慢，经济复苏道路艰难曲折。主要发达国家的金融风险不断暴露并放大，不发达国家和发展中国家的经济增长都有所放缓，国际金融市场资产价格剧烈波动，资本在国际金融市场上流动频繁。中国为了应对经济危机采取了多种措施。目前，中国经济发展虽然缓慢但是相对平稳，金融业改革持续进行，金融机构发展较快，金融基础设施建设取得了显著的成效，总体上中国的金融体系比较稳健。虽然目前中国经济发展的基本格局和基本方针没有改变，社会经济体系的基础也相对较好，但是目前中国面临的内部环境和外部环境都非常复杂，潜在的不稳定风险仍然存在。

2017年，我国金融行业深入贯彻落实党中央、国务院重大决策部署，牢牢守住不发生系统性风险的底线，保持了行业资产负债规模的平稳增长和盈利能力的相对稳定，保证了金融市场的平稳运行，未发生重大风险事件。

8.1.1.1 银行业稳定性情况

银行业的发展相对比较稳健。银行业金融机构的资产负债规模持续增长，如图8.1所示。

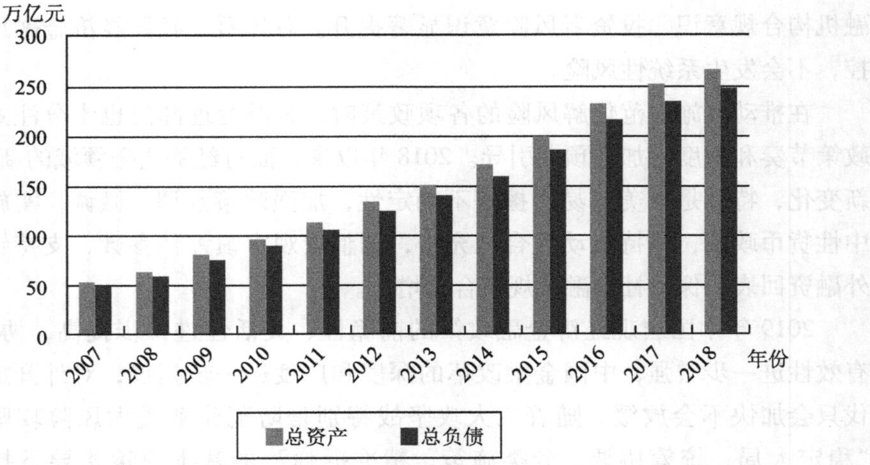

图8.1 银行业金融机构总资产和总负债情况

资料来源：中国银保监会网站。

截至2018年末，银行业金融机构资产总额268万亿元，同比增长6.27%，增速比上年下降2.41个百分点；负债总额247万亿元，同比增长5.89%，增速比上年下降2.51个百分点。2017年以来，金融监管与去杠杆力度加大，银行业金融机构资产负债规模扩张趋缓。

（1）存贷款增速回落

截至2017年末，金融机构本外币各项存款余额169.3万亿元，同比增长8.8%，增速比上年末低2.5个百分点；金融机构本外币贷款余额125.6万亿元，同比增长12.1%，增速比上年末低0.7个百分点。

（2）资产质量下行压力趋缓

截至2017年末，银行业金融机构不良贷款余额2.39万亿元，同比增加

1957 亿元，不良贷款率 1.85%，同比下降 0.06 个百分点。其中，商业银行不良贷款余额 1.71 万亿元，同比增加 1934 亿元，已连续 25 个季度反弹；不良贷款率 1.74%，连续 5 个季度保持基本平稳。银行业金融机构关注类贷款余额 4.91 万亿元，同比减少 3685.34 亿元；关注类贷款率 3.81%，同比下降 0.79 个百分点。逾期 90 天以上贷款余额与不良贷款余额比值 92.49%，同比下降 10.11 个百分点，银行业金融机构对于不良贷款的认定总体上更趋审慎。

（3）商业银行风险抵补能力继续增强

截至 2017 年末，商业银行贷款损失准备余额 3.09 万亿元，同比增加 4268 亿元；拨备覆盖率 181.42%，同比上升 5.02 个百分点；贷款拨备率 3.16%，同比提高 0.09 个百分点。

（4）资本充足水平稳中有升

截至 2017 年末，商业银行核心一级资本充足率为 10.75%，与上年末基本持平；一级资本充足率为 11.35%，同比上升 0.1 个百分点；资本充足率为 13.65%，同比上升 0.37 个百分点，资本较为充足。核心一级资本净额占资本净额的比重为 78.77%，虽较上年末下降 2.2 个百分点，但资本质量仍处于较高水平。

（5）利润增长整体稳定，但盈利能力有所下降

2017 年，银行业金融机构实现净利润 2.2 万亿元，同比增长 6.15%，增速上升 2.5 个百分点。截至 2017 年末，银行业金融机构资产利润率 0.91%，同比下降 0.05 个百分点，资本利润率 11.91%，同比下降 0.7 个百分点，银行业金融机构盈利能力整体较上年有所下降。随着利率市场化的不断推进，存贷款利差缩小的趋势明显。截至 2017 年末，银行业金融机构净息差 2.01%，同比下降 0.09 个百分点；非利息收入占比 24.23%，同比下降 2.38 个百分点。

（6）流动性水平整体保持稳定

截至 2017 年末，商业银行流动性比例为 50.03%，人民币超额备付金率为 2.02%，存贷款比例为 70.55%，资产规模在 2000 亿元以上的商业银行流动性覆盖率为 123.26%，流动性整体合理充裕。

（7）表外业务继续增长，风险隐患值得关注

截至 2017 年末，银行业金融机构表外业务余额 302.11 万亿元（含托管资产表外部分），同比增长 19.17%。表外业务余额相当于表内总资产规模的 119.69%，比上年末提高 10.54 个百分点。其中，担保类 18.34 万亿元，承诺

类21.98万亿元，金融资产服务类186.09万亿元。商业银行表外业务管理仍然较为薄弱，表内外风险可能出现交叉传染。

（8）四家资产管理公司风险隐患初步显现

近年来，华融、信达、东方、长城四家国有金融资产管理公司（以下简称“四家资产管理公司”）资产负债规模快速扩张，资产负债率高位运行。2014年以来，四家资产管理公司负债的年均增速达到30%以上，资产负债率均在85%以上。此外，目前个别资产管理公司投资业务主要集中在房地产、政府融资平台和基础设施建设等三个领域，风险集中度高。

（9）银行业中小金融机构发展速度加快

金融业逐渐开放后，允许民营资金进入银行等金融机构，意味着银行业金融机构数量将快速增长。另外，随着银行改革的深入，农村信用社向农村商业银行转变，各种合作银行的成立意味着金融机构的种类将更加丰富，也意味着银行业的市场集中度趋于下降，银行业之间的竞争更加激烈。社会融资规模是经济和金融的反映，是金融发展的一个总量指标。社会融资规模是2010年中央经济工作会议提出来的一个概念，主要与金融调控有关。中国人民银行从2011年起开始采用社会融资规模指标，综合了中国人民银行、中国银保监会、中国证监会的数据，每个季度由央行发布，对未来货币政策的制定具有重要参考价值。

8.1.1.2 证券期货业稳定性情况

证券期货业机构稳健地进行经营活动，资本市场多层次发展，对新股的发行制度进行深化改革，稳妥推进上市和退市制度的改革，加大监管力度，提高证券期货经营机构的管理能力，增强其服务实体经济的能力。

从2001年开始我国经济快速发展，与世界接轨，并参与到国际证券资本市场中，中国证券期货中介机构为了满足投资者的投资需求和经济发展的需要如雨后春笋般涌现。在2006年中国股市到达历史最高点之后，证券市场价格急剧下降，证券公司数量也急剧减少。在随后的发展中，证券公司数量一直比较稳定，但证券公司营业分部的数量一直保持增长的趋势。中国基金管理公司数量从2001年开始就处于缓慢增长的发展状态，随着基金行业法律法规的确立、基金市场的完善以及监管制度的健全，基金公司也逐步发展壮大，为投资者提供了新的投资渠道。期货公司的发展却相反，中国期货市场还不是很完善，期货公司的数量处于递减之中。另外，期货进入壁垒较高，期货市场对于分散和转嫁国际贸易和外汇的风险更有效果，一般投资者较少参与期货交易。

证券公司不仅可以在银行间债券市场发行短期融资证券，还可以承销非金融企业债务融资业务，拓展了业务范围，拓宽了融资渠道。证券公司还逐步退出现金管理产品等业务，在资产管理方面出台新政策，放宽限制业务发展的条件，推动业务规模大幅度增长。期货公司也试点退出资产管理业务，优化准入政策，并推出各种各样的基金产品来满足不同客户的投资需求。越来越多的商业银行设立基金管理公司试点，有利于集中储户的闲散资金并通过专业的管理进入资本市场。越来越多的专业机构投资者进入资本市场。社保基金在资本市场的运营和保值增值活动，改善了资本市场机构投资者的结构。国家批准设立中小企业股份转让系统，推动非上市公司股份转让，对非上市公司股份转让和发行加强管理和监督，完善多层次资本市场的建设。期货市场不断推出新的期货品种，并加大对期权期货、股指期货、碳排放权交易工具的研发力度，根据实际交易的发展和需要出台新的管理条例。

（1）上市公司盈利状况整体好转，个体风险有所暴露

截至2017年末，沪、深两市共有上市公司3485家，较上年末增加433家，其中新股发行438家，退市5家。总市值和流通市值分别为56.75万亿元和44.91万亿元，同比分别增长11.65%和14.20%。流通市值占总市值的比例为79.14%，同比上升1.76个百分点。2017年，上市公司业绩持续改善，盈利状况有所好转。截至2018年4月末，共有3522家上市公司披露2017年年报，其中，盈利3300家（占比93.7%），亏损222家（占比6.3%），首次亏损181家，连续亏损41家。亏损公司主要集中于“计算机、通信和其他电子设备制造业”“电气机械及器材制造业”以及“软件和信息技术服务业”等行业，钢铁、煤炭等行业扭亏成效较为明显。2017年全部上市公司实现营业总收入39.25万亿元，同比增长18.80%，增速加快10.12个百分点；实现净利润3.36万亿元，同比增长19.1%，增速加快11.65个百分点。部分上市公司风险有所暴露。少数上市公司通过炒作概念骗取融资，或利用股票质押资金循环加杠杆等方式盲目扩张，引发经营困难和财务困境；个别上市公司大股东及关联人还通过关联交易等方式从上市公司套现，违反了资本市场“三公”原则，损害投资者合法权益。

（2）证券公司经营基本稳健，股东和资本监管有待加强

2017年末，全国共有证券公司131家，较上年末新增2家；其中上市证券公司29家，新增3家。证券公司资产总额6.14万亿元，同比增长6.02%。

净资产总额1.85万亿元，净资本总额1.58万亿元，同比分别增长12.36%和7.48%，增速继续放缓。受股票市场成交量下降等因素影响，证券公司盈利水平总体小幅下降。2017年，全行业实现营业收入3113.28亿元，同比减少5.26%。其中，代理买卖证券业务净收入（含席位租赁）820.92亿元，同比减少22.04%；证券承销与保荐业务净收入384.24亿元，同比减少26.11%；财务顾问业务净收入125.37亿元，同比减少23.63%；投资咨询业务净收入33.96亿元，同比减少28.44%；资产管理业务净收入310.21亿元，同比增长3.44%；证券投资收益（含公允价值变动）1017.61亿元，同比增长40.56%；利息净收入348.09亿元，同比减少8.83%。从收入构成看，证券投资收益取代代理买卖证券业务净收入，成为证券公司主要的收入来源。全行业实现净利润1129.95亿元，同比减少8.47%。总体看，证券公司风控指标基本符合监管规定，但针对股东和资本的监管存在不足，少数证券公司在实际出资和股东真实性方面存在违法违规问题，具体体现在：个别证券公司存在股东虚假出资、循环注资、通过借贷资金注资、注资后抽逃等违法违规行为，或以私募基金、信托计划或资管计划为媒介，隐蔽关联股东；个别证券公司的实际控制人通过操纵关联方或代理人隐藏真实股权结构，以达到规避监管、内部控制、利益输送、套取资产等目的，扰乱市场纪律，损害市场稳定。违反股东和资本监管规定的行为所受惩罚相对较小，远低于违法所得。

（3）基金管理的资产净值持续增长，货币市场基金风险隐患值得关注

2017年末，全国共有基金管理公司113家，较上年末新增5家。基金管理公司和其他15家具有公募牌照的资产管理机构共管理公募基金11.6万亿元，同比增长26.64%。其中，股票型基金占比6.55%，同比下降1.16个百分点；混合型基金占比16.71%，同比下降5.22个百分点；债券型基金占比12.63%，同比下降2.93个百分点；货币市场基金占比58.07%，同比增加11.3个百分点。2017年已登记私募基金管理人22446家，管理私募基金66418只；基金实缴规模11.5万亿元，同比增长39.45%。近年来，货币市场基金规模扩张较快，从2012年初的3000亿元升至2017年末的6.74万亿元，在公募基金中占比超过50%，但同时也存在机构投资者集中程度较高、潜在流动性风险较大等问题。此外，一些货币市场基金在用户数量和金融机构业务关联等方面均已具备系统重要性，单体风险极易向金融体系蔓延。2017年9月，证监会制定并出台《公募开放式证券投资基金流动性风险管理规定》，进一步加强对公募基金流动性风险的管控。其中，对货币市场基金作

出专门规定，完善投资限制、实施分类监管、建立规模约束机制、提升抗风险能力。通过弥补监管短板，公募基金的流动性风险管理水平得到一定程度提升。

（4）“升级版”证券法出台

2020 年 3 月 1 日，修订后的《中华人民共和国证券法》正式实施。证券法是资本市场的“基础法”和“根本法”。此次修订是证券法颁布实施 21 年以来的第二次全面大修，“升级版”证券法的出炉标志着我国资本市场在市场化、法治化的道路上又迈出了至关重要的一步，保障资本市场健康、高效运行的法制基础将进一步夯实，市场生态也将产生深刻变化。

一是我国证券发行制度从核准制向注册制的全面转变。第一，宏观层面。注册制改革是我国资本市场改革的首要内容，新证券法从法律层面确立了这一证券发行的基本制度。注册制是资本市场市场化程度提高的标志，近年来无论是新三板的备案制还是科创板的注册制，都为我国从法律层面全面确立注册制准备了条件、积累了经验。注册制虽然主要体现在证券发行环节，但其对证券制度的影响是系统性的，证券市场的其他环节如信息披露、投资者保护、中介机构责任、证券监管职责等方面的制度都需要相应地作出调整。这在新证券法中均有相应体现。第二，微观层面。从审核到信息披露的转变，从实质判断到形式审查，从发审委到交易所，定价从证监会到市场，股票本身不再具有稀缺资源属性，引导投资者更多关注上市公司自身价值，从投机到价值投资。

二是证券发行条件由紧到松的转变。新证券法总体上放宽了证券发行的条件，主要体现在：第一，放宽了 IPO 中财务审核标准的要求。新证券法将首次公开发行新股的条件之一“具有持续盈利能力，财务状况良好”修改为“具有持续经营能力”。参考科创板相关规则，“持续经营能力”标准可以体现为收入、利润、市值、研发投入等方面设置的五套标准，发行人只要符合其一即可。体现了对具有投资价值但盈利状况不佳的企业的包容，以及对不同行业的企业发展规律的尊重。第二，非公开发行条件趋于宽松。非公开发行是上市公司再融资的重要方式，新证券法将原规定“上市公司非公开发行新股，应当符合经国务院批准的国务院证券监督管理机构规定的条件，并报国务院证券监督管理机构核准”改为“上市公司发行新股，应当符合经国务院批准的国务院证券监督管理机构规定的条件，具体管理办法由国务院证券监督管理机构规定”。第三，公司债券的发行条件更简单。新证券法删除了公司债券发行条件中关于发行人净资产、累计债券余额、募集资金投向、债券利率等诸多限制，仅保留了“最近三年平均可分配利润足以支付一年债券利息”一个条件。公司债券的发行将更为简单易行，便于发行人根据市场情况灵活掌握发债的机会，而较少受制于公司财务指标的变动，提高发行人资金募集效率和使用效率。

三是从行政许可到以信息披露为核心的转变。证券发行注册制以信息披露为核心，足够且高质量的信息披露是投资者对发行人/上市公司充分了解并作出合理判断的前提。新证券法设专章规定信息披露制度，系统完善了信息披露制度，对信息披露主体及内容等方面提出了更高的要求。第一，扩大了信息披露义务人的范围。现行证券法规定的信息披露义务人包括发行人、上市公司及其董事、监事、高级管理人员，新证券法在此基础上增加了“法律、行政法规和国务院证券监督管理机构规定的其他信息披露义务人”。兜底条款的增加给信息披露义务人范围的调整留下了空间，允许其他法律、行政法规特别是证券监管机构根据监管需要灵活调整信息披露义务人的范围。第二，提高了信息披露内容的质量要求。新证券法特别强调信息披露的质量，表现在：①新增了信息披露“简明清晰、通俗易懂”的原则。注册制引导广大投资者对发行人、上市公司进行价值投资，信息披露文件是投资者作出理性判断的前提条件。因此，信息披露文件务必要考虑受众的理解能力，毕竟除了少数机构投资者和专业个人投资者以外，绝大多数是普通投资者。“简明清晰、通俗易懂”的原则是对过往信息披露中存在的冗长、空洞、不接地气的语言风格的否定，将有效促进普通投资者充分理解信息披露文件内容，高效获取影响投资决策的信息。②披露内容的完备性要求。“简明清晰、通俗易懂”解决的是“看得懂”的问题，新证券法要求信息披露义务人充分披露投资者作出价值判断和投资决策所必需的信息，要求披露的信息应当是“干货”，解决的是“看了有用”的问题。第三，强化了信息披露义务人的个人责任。表现为：①发行人的董事、高级管理人员应当对证券发行文件和定期报告签署书面确认意见。②发行人的监事会应当对董事会编制的证券发行文件和定期报告进行审核并提出书面审核意见，监事应当签署书面确认意见。③发行人的董事、监事和高级管理人员应当保证发行人及时、公平地披露信息，所披露的信息真实、准确、完整。④董事、监事和高级管理人员无法保证证券发行文件和定期报告内容的真实性、准确性、完整性或者有异议的，应当在书面确认意见中发表意见并陈述理由，发行人应当披露。特别是在发行人不予披露的情况下，赋予董事、监事和高级管理人员越过发行人直接申请披露的权利。第四，扩大了因信息披露违规承担过错推定责任的主体范围。新证券法规定，对于因信息披露违规导致投资者在证券交易中遭受损失的情况，承担过错推定责任的主体范围从“发行人、上市公司的董事、监事、高级管理人员和其他直接责任人员以及保荐人、承销的证券公司”扩大到了“控股股东、实际控制人、董事、监事、高级管理人员和其他直接责任人员以及保荐人、承销的证券公司及其直接责任人员”，也就是说，控股股东、实际控制人以及保荐人、承销的证券公司的直接责任人员如果不能证明自己没有过错，也要与信息披露违规主体承担连带责任。

四是投资者保护由虚向实的转变。第一，确立了普通投资者和专业投资者的概念，并给予普通投资者倾斜性的保护。表现为：①根据财产状况、金融资产状况、投资知识和经验、专业能力等因素，投资者可以分为普通投资者和专业投资者。②建立普通投资者与证券公司纠纷的强制调解制度。普通投资者与证券公司发生证券业务纠纷，普通投资者提出向投资者保护机构申请调解请求的，证券公司不得拒绝。③在普通投资者与证券公司的纠纷中，证券公司负有举证责任倒置的义务。普通投资者与证券公司发生纠纷的，证券公司应当证明其行为符合法律、行政法规以及国务院证券监督管理机构的规定，不存在误导、欺诈等情形。证券公司不能证明的，应当承担相应的赔偿责任。第二，推出帮助股东行使权利的便利化措施，促进价值投资、长期投资。投资者作为公司法意义上的股东或债权人，其权利绝不应限于“低买高卖”式的股权转让，更应从一个长期投资者的角度考虑充分行使其他各项权利，提升投资价值。新证券法在这方面体现的制度变化包括：①完善上市公司现金分红制度。新证券法要求上市公司在章程中明确分配现金股利的具体安排和决策程序。上市公司当年税后利润，在弥补亏损及提取法定公积金后有盈余的，应当按照公司章程的规定分配现金股利。这将有利于保障股东的利润分配权。②建立上市公司股东权利代为行使征集制度。新证券法允许上市公司董事会、独立董事、持有百分之一以上有表决权股份的股东或者投资者保护机构作为征集人，自行或者委托证券公司、证券服务机构，公开请求上市公司股东委托其代为出席股东大会，并代为行使提案权、表决权等股东权利，同时规定了上市公司的配合义务。该制度有助于打消中小投资者出席公司股东大会的顾虑，有望调动中小投资者参与公司治理、表达股东意见和诉求的积极性，有利于保障中小股东的知情权、质询权、提案权、表决权的实现。③确立债券持有人会议和债券受托管理人制度。新证券法规定，公开发行公司债券的，应当设立债券持有人会议。发行人应当为债券持有人聘请债券受托管理人，并订立债券受托管理协议。债券受托管理人应当勤勉尽责，公正履行受托管理职责，在债券发行人未能按期兑付债券本息时，可以接受全部或者部分债券持有人的委托，以自己名义代表债券持有人提起、参加民事诉讼或者清算程序。这为债券投资者作为债权人的利益提供了制度保障和机构保障。④设立投资者保护机构。投资者保护机构除了行使前述股东权利代为行使征集的职责外，还可以深度参与投资者利益保护的各个环节，包括与证券公司协调先行赔付义务，接受投资者申请与证券公司调解，还可以提起股东代表诉讼，并且在提起股东代表诉讼时，不受公司法规定的持股比例和持股期限的限制。在虚假陈述等证券民事赔偿诉讼中，投资者保护机构受 50 名以上投资者委托，可以作为代表人参加诉讼，并按照“明示退出”“默示加入”的诉讼原则，为经证券登记结算机构确认的所有权利人向法院登记。

五是证监会职能重心从市场准入到市场监管的转变。证监会的职能重心从事前审核转变为事中、事后监管。表现为：第一，取消了发审委制度，明确了证监会在证券发行中的注册职责。一直以来，证监会发审委是股票发行申请的审核机构。新证券法取消了发审委制度，规定证券交易所等可以依照国务院的规定对公开发行证券的申请进行审核，判断发行人是否符合发行条件、信息披露要求，督促发行人完善信息披露内容。证券发行审核机构由证监会发审委改为交易所，证监会在证券发行中的职能由核准发行转变为发行注册。实现了发行审核和发行注册的分离，有利于提高证券发行的市场化程度，发挥市场对资源的配置作用。第二，强化了证监会职责中的监管属性。证监会作为证券监督管理机关，其职责在于对证券市场的运行进行监管。而在核准制下，证监会证券发行实施行政许可，过多地介入了证券市场的准入环节。一方面，伴随注册制的确立，新证券法对证监会的职责描述作了相应调整，比如，增加了证监会“维护证券市场公开、公平、公正，防范系统性风险，维护投资者合法权益，促进证券市场健康发展”的职责要求；另外，在对证监会的具体职责描述中增加了证监会“依法监测并防范、处置证券市场风险”职责。另一方面，新证券法为证监会发挥监管作用提供了更多的监管制度、监管手段，包括延长了证监会在执法中对违法资金、证券的冻结、查封期限；规定了证监会为防范市场风险、维护市场秩序采取监管措施的制度；增加了行政和解制度，证券市场诚信档案制度；完善了证券市场禁入制度，规定被市场禁入的主体，在一定期限内不得从事证券交易等。第三，加大证券中介机构责任，促使证券中介机构职责转变。注册制下，证监会不再审核，改为由交易所对证券发行进行审核。而交易所的审核不同于以往证监会对证券发行的实质审查，是以督促发行人完善信息披露为核心的形式审查。这就意味着真正对证券发行做实质审核的只能是证券中介机构，倒逼证券中介机构摆正自身位置，发挥证券市场“看门人”的作用。

8.1.1.3 保险业稳定性情况

（1）保险业行业资产规模持续扩大，保险密度和保险深度有所提升

2017 年末，保险业总资产达 16.75 万亿元，较年初增长 10.8%。其中，产险公司总资产 2.5 万亿元，较年初增长 5.28%；寿险公司总资产 13.2 万亿元，较年初增长 6.25%；再保险公司总资产 3150 亿元，较年初增长 14.07%；资产管理公司总资产 491 亿元，较年初增长 15.28%。保险密度和保险深度分别为 2631 元和 4.42%，较上年分别增加 393 元和 0.26 个百分点，但仍低于 2016 年的 638.3 美元和 6.28%的世界平均水平。目前，保险行业正处于防范化解风险攻坚期、多年积累深层次矛盾释放期和保险发展方式转型阵痛期的“三期叠加”阶段，相关风险值得关注。

（2）投资收益略有提高，资金运用仍面临挑战

2017 年，保险业大幅降低银行存款配置比例，加大了债券和另类投资力度，权益类投资略有下降。银行存款、股票和证券投资基金占资金运用余额的比重分别为 12.92%和 12.3%，同比下降 5.63 个和 0.98 个百分点；债券和其他投资（主要是另类投资）占比分别为 34.59%和 40.19%，同比分别上升 2.44 个和 4.17 个百分点。受全年股票市场回暖等影响，保险业投资收益有所提升，达到 8352 亿元，同比增长 18.12%；平均投资收益率 5.77%，同比增加 0.11 个百分点。其中，占比 7.2%的股票实现投资收益 1183 亿元，同比增长 355.46%；债券实现收益 2087 亿元，增长 11.07%。

同时，保险业资金运用中的一些风险和问题值得高度关注：首先，保险业在债券和基础设施项目等配置较多，在经济转型、去杠杆和打破刚性兑付的背景下，保险资金运用面临的信用风险加大。其次，个别公司通过投资信托、私募基金等产品违规开展多层嵌套、通道等业务，底层资产不清，具体投向模糊。最后，个别公司投资激进，过度依赖股票、房地产等高风险资产。

（3）财产险保费增长平稳，承保盈利空间有所收窄

2017 年，财产险公司保费收入 1.05 万亿元，同比增长 13.76%，增幅较

上年提高 3.75 个百分点。车险仍是财产险公司的主要业务，占比 70%以上，非车险业务实现较快增长，增速达 24.21%，超过车险增速 14.17 个百分点，其中，保证保险和责任保险同比分别增长 106%和 24.5%。但个别公司对信用风险的特征和规律不了解，违规经营信用保证保险业务，且内部管控不到位，遭受较大损失。受市场竞争激烈的影响，财产险业综合成本率有所上升，达到 99.74%，较上年增加 0.22 个百分点，承保盈利空间收窄至 2011 年以来最低水平。而在投资收益的拉动下，财产险业全年实现税前利润 639.6 亿元，同比增长 11.13%。

（4）人身险业保费增速放缓，经营利润增长

2017 年，监管部门继续强化中短存续期产品监管，控制销售规模，人身险公司以万能险为主的投资型业务大幅收缩，保户投资款新增缴费（主要是中短存续期万能险产品）5892 亿元，同比下降 50.32%，个别公司降幅达 90%以上。以普通险和分红险为主的原保险保费收入虽同比增长 20.04%至 2.6 万亿元，但增速较上年缩减近 17 个百分点。受此影响，人身险公司规模保费出现 2013 年以来的首次下滑，达 3.24 万亿元，同比下降 6.06%。同时，全行业退保压力增加，全年退保率 6.52%，较上年上升 0.91 个百分点。但受益于投资收益的提升，全年人身险公司实现税前利润 1391 亿元，同比增长 25.91%。

（5）少数保险公司流动性风险突出，风险外溢性增强

当前，保险业流动性风险集中在少数以销售中短期存续期产品或非寿险投资型产品为主的保险公司。这类公司的风险特点为：资金成本高，"募短配长"，由于一般的投资品种难以覆盖资金成本，往往大比例投资股权以及长期投资品种，造成资产负债不匹配。2017 年，投资型产品停售或受限后，部分公司的资金流入难以弥补现金流缺口，加上一些长期资产难以快速变现，流动性风险突出。当前，保险业与其他金融行业和市场的关联性上升，风险外溢性增强，且少数保险公司股权结构复杂，一旦风险爆发，可能通过金融业务往来、关联交易等渠道扩散和放大。

（6）少数保险公司资本不实，公司治理不完善

少数保险公司股东动机不纯，通过关联人代持等违规方式超比例持股，造成事实上的"一股独大"。部分保险公司股权结构复杂且不透明，缺乏制衡机制，实际控制人凌驾于公司治理和内部控制之上，将保险公司异化为融资平台，违规投资，开展不正当关联交易和利益输送等，侵害中小股东和

客户合法利益，累积了较大风险。部分股东利用银行理财等债务性资金注资，形成“明股实债”，无法发挥资本的真实作用，降低了保险公司抵御风险的能力。甚至有个别股东通过复杂的金融产品和资产管理计划等，挪用占用保险资金，自我注资、循环使用、虚增资本。

（7）行业偿付能力总体充足，部分公司存在较大压力

截至2017年末，保险业综合偿付能力充足率和核心偿付能力充足率分别为251%和240%，远高于100%和50%的监管标准；16家公司综合偿付能力充足率处于100%~150%，2家公司偿付能力长期不达标，综合偿付能力充足率低于100%。部分公司自身造血功能不足，主要依靠股东注资、财务再保险、房地产增值等方式维持偿付能力。

（8）市场集中度总体上升，保险公司经营分化

2017年，前五大财产险公司保费市场总份额为73.45%，较上年微降0.25个百分点；赫芬达尔指数为0.171，较上年微升0.001。在人身险市场，按原保险保费计算，前五大人身险公司保费市场份额和人身险赫芬达尔指数分别为52.23%和0.081，分别比上年上升2.91个百分点和0.002；按规模保费计算，前五大人身险公司规模保费市场份额和人身险赫芬达尔指数分别为51.01%和0.076，分别比上年上升3.42个百分点和0.008。

保险公司经营分化，上市保险公司经营结果较好；中小公司竞争力不足，经营面临挑战，其中，中小财产险公司普遍承保亏损，部分中小人身险公司现金流下降，产品转型压力较大。

8.1.2　金融市场

中国金融市场总体运行平稳。2017年，货币市场、债券市场压力水平较上年有所上升；股票市场整体运行平稳，市场压力水平变化不大；外汇市场压力水平有所下降。金融市场综合压力指数处于较温和水平。货币市场利率总体上行，市场压力有所上升。2017年，货币市场流动性总量合理充裕，流动性需求较为旺盛，货币市场利率总体呈现震荡上行趋势。2017年12月29日，隔夜质押式回购、7天质押式回购加权平均利率分别为3.59%、5.42%，较年初上升143个和265个基点。SHIBOR全线上行，其中，隔夜SHIBOR较年初上行63个基点至2.84%，7天SHIBOR上行37个基点至2.95%，3个月SHIBOR上行163个基点至4.91%。从市场压力指数看，货币市场主要交易品种波动性有所上升，市场压力处于温和偏高水平。

货币市场交易活动比较活跃，有利于调节金融机构之间的流动性。债券市场的债券发行量持续增加，参与主体趋向多元化，债券品种也在不断创新，目前债券市场渐渐成为直接融资的重要渠道。在经济危机后，股票市场波动剧烈，目前股票市场价值处于历史低位，通过发行股票直接融资的热度也慢慢下降。期货交易规模迅速扩大，黄金市场交易量不稳定，外汇市场交易量有所下降。近年来，货币市场基金规模迅速扩张，截至2017年底，总规模达6.74万亿元，约占全部公募基金规模的58%。货币市场基金在迅速发展的同时，也暴露出一些风险问题。2016年底，部分货币市场基金出现集中赎回压力，并对货币市场和债券市场流动性产生冲击；基于互联网的采用实时申购赎回机制的T+0货币市场基金迅速发展，存在流动性风险隐患。当前，应进一步提高货币市场基金的流动性监管要求，引导货币市场基金回归其流动性管理工具和低风险投资产品的本源，加强对系统重要性货币市场基金的监管。

债券市场信用风险和市场压力均有所上升。拆借交易和回购交易活动比较活跃，交易量继续保持较快增长。债券市场参与主体日趋多元化，债券品种不断增多，发行量有所增加。目前中国银行间市场的债券融资工具主要有国债、政策性银行债券、资产支持证券、地方政府债券、金融债券、短期融资券、超短期债券、企业债券、中期票据、集合票据和非金融企业债券等。各类金融机构和非金融机构投资者积极参与到银行间市场进行投融资活动和风险管理。债券的期限结构还是以中短期为主，中短期债券能够保证流动性。2017年，在债券市场压力指数三方面构成要素中，机构投资者悲观预期、信用风险有所上升，波动风险有所下降，债券市场压力整体有所上升。具体看，受货币市场利率上行、美联储加息等多重因素影响，债券市场收益率整体上行。1年期、5年期和10年期等关键期限国债收益率波动性有所下降，债券市场波动风险降低。国债到期收益率曲线全年呈现平坦化趋势，1年期和10年期国债期限日均利差为27.84个基点，较上年平均水平（58.49个基点）下降30.65个基点，债券市场机构投资者对未来经济预期较为悲观。1年期和5年期AA级中期票据与同期限国债的日均利差分别为158.2个和176.1个基点，较上年分别上行36.8个和26.9个基点，关键期限AA级中期票据与同期限国债利差（信用风险溢价）扩大，债券市场信用风险有所上升。总体看，2017年债券市场压力水平高于2016年水平。

股票市场总体平稳，2017年全年市场压力变动不大。从股票市场压力指数看，2017 年 A 股市场波动风险处于低位水平；估值风险全年略有上升，板块估值分化有所缓和，蓝筹股票估值得到一定修复，但仍低于中小板、创业板市场估值。截至 2017 年末，全部 AB 股、沪深 300、中小板和创业板滚动市盈率分别为 19.51 倍、14.30 倍、37.53 倍和 48.43 倍，市净率分别为 2.03 倍、1.67 倍、3.54 倍和 4.09 倍。全年 A 股市场投资者悲观预期处于中位水平。综合来看，A 股市场压力指数在经历 2016 年较大波动后趋势性下降，处于较温和水平。

人民币对美元汇率小幅升值，外汇市场压力有所下降。2017 年，人民币对美元汇率小幅升值，双向浮动特征明显，汇率弹性明显增强，人民币对一篮子货币保持了基本稳定，人民币汇率预期总体平稳。截至 2017 年末，人民币对美元汇率在岸市场收盘价报 1 美元兑 6.5120 元人民币，较上年末升值 4375 个基点，升值幅度为 6.71%；人民币对美元汇率香港市场收盘价报 1 美元兑 6.5143 元人民币，较上年末升值 4618 个基点，升值幅度为 7.09%。2017 年上半年人民币对美元即期汇率波动性有所增大，外汇市场波动风险有所上升，下半年较为平稳。综合来看，外汇市场压力总体有所下降。

在互联网与传统产业加速融合的背景下，以区块链为代表的分布式记账技术迅猛发展。作为区块链技术的应用之一，比特币、以太币等加密资产受到广泛关注，并催生了众多加密资产交易平台，以及首次代币发行（Initial Coin Offering，ICO）等新型融资模式。与此同时，由于缺乏监管，加密资产相关领域投机色彩浓厚，无序发展、扰乱市场秩序，不利于实体经济发展。2017 年，中国人民银行会同相关部门持续深入推进互联网金融专项整治工作，及时清理整顿代币发行融资和加密资产交易平台业务，引领了全球监管取向，初步遏制了加密资产相关领域的风险。下一步，应持续开展研究监测，着力推进业务整治，强化投资者保护与教育，推进国际合作。加密资产相关领域的发展侧面反映了区块链等新技术的兴起，但加密资产价格的大幅波动，再加上监管的缺位，导致加密资产市场秩序混乱，使得致力于该行业的企业难以健康发展，一方面难以得到资本市场的合理支持，另一方面难以真正服务实体经济。2017 年 5 月，勒索病毒“WannaCry”造成 150 多个国家的 20 多万台设备受到影响，该病毒要求用户使用比特币支付赎金，以规避追查。

8.1.3 金融基础设施

近年来中国金融基础设施建设不断完善。支付结算体系更加完善，农村支付结算环境不断改善，金融法律法规体系逐步健全。适应金融业的改革，会计规范和标准进行了改进，多项会计制度得以顺利实施。协调和推动社会信用体系建设，征信业的立法也取得了突破性进展。随着防范洗钱风险和控制体系的健全，中国已经达到金融行动特别工作组建议的基本要求。

支付体系和清算体系进一步完善，能处理大规模的业务。相关的市场基础设施能提供更加完善的服务，运行管理水平也得到进一步提高。全国的各类支付系统都安全稳定地运行，业务量也迅速增长。为了适应经济的快速发展、提高支付和清算的效率，第二代支付系统也在建设之中。清算机构的业务品种和业务规模也在不断扩大，尤其是中国银联、农信银资金清算中心等清算机构为了给资金往来提供更好的服务，不断地发展新产品，研发和升级新系统，提高业务处理能力。中央国债登记结算有限责任公司和中国证券登记结算公司的综合业务系统平稳运行，业务量持续增长。在外汇市场和场外金融市场方面，外汇交易中心和上海清算所充分发挥其功能和作用，外汇净额清算业务也逐渐扩大，现在能开展人民币外汇远期和掉期交易，清算业务量增加，清算效率提高。外汇交易中心数据仓库更加全面、完善和及时。

金融机构和非金融机构的监督管理进一步加强，非金融机构提供支付服务的准入体制不断完善和健全，占据较大市场份额的支付机构囊括在中国人民银行的调控之中。将法人监管和属地监管结合起来，对支付机构的日常活动加强管理和监督。加强监管信息披露，尤其是将支付机构的风险防范和控制、经营行为等工作形成监管报告进行公开。加快完善对银行业金融机构和支付机构支付结算业务的检查方式、时间、范围等制度。继续贯彻落实银行账户的实名制，加强对个人银行账户信息的管理。中国人民银行与支付清算协会的自律组织相互协调，共同监管支付清算机构。

根据监管分工，地方政府按照属地原则承担对本地区小额贷款公司、融资担保公司、区域性股权市场、典当行、融资租赁公司、商业保理公司、地方资产管理公司、投资公司、开展信用互助的农民专业合作社、社会众筹机构、地方各类交易场所等机构和平台的具体监管和风险处置。一段时间以来，部分地方金融管理部门在履职中一定程度地存在“重发展、轻监管”问题和监管宽松现象，地方监管的部分机构和交易平台野蛮生长，违法违规活动屡禁不止。有关部门加强了对相关机构和交易平台的清理整顿，取得了积极成效，但地方监管的各类机构和平台仍存在一些问题。为切实保障投资者合法权益、塑造健康的地方金融生态环境，应进一步明确地方政府属地监管和风险处置责任，积极防范和化解地方政府承担金融监管职责的机构和平台的风险。

在农村地区，除了发展传统的现金支付工具规模之外，也要推动非现金支付工具以及支付与结算系统的发展，为农村地区提供便捷的支付服务，改善农村的支付环境，促进农村金融服务的升级与创新。目前国家已经开通了助农取款服务，解决偏远农村地区支付结算渠道不畅通的问题，有利于农民查询各项补贴款项和收入、存款以及取款。鼓励农村地区的金融机构根据自身实际和业务需要，增强支付系统办理各类业务的灵活性，有效拓展农村地区资金流动的渠道。

加强与国际支付体系的合作与交流，与境外的支付体系和结算体系在支付和结算领域形成良好的合作关系，有利于国际贸易的顺利进行和国际金融市场的发展，增强中国在国际支付结算体系中的话语权，深化香港和内地的金融基础设施合作，推进支付结算双边会议机制，加强对外交流。

按照互联网金融风险专项整治工作部署，2016 年 10 月，中国人民银行着手组建非银行支付机构网络支付清算平台（以下简称“网联清算平台”），并于 2017 年 3 月底启动试运行。网联清算平台主要处理非银行支付机构发起的涉及银行账户的支付业务，是我国金融基础设施的重要组成部分。建设网联清算平台有助于优化支付清算市场资源配置，整治支付市场乱象，防控金融风险，维护支付市场健康发展。根据收付款人是否在同一家银行开户，支付业务一般分为行内支付和跨行支付，跨行支付涉及银行间的资金清算。清算是支付处理过程中的重要环节，通常包括在收付款人的不同银行机构之间对支付指令进行确认、传递、核对，计算待结算的债权债务，并形成待结算头寸等处理。中央银行出现以前，不同银行间的资金清算一般采用代理行模式，即通过在银行互相开立账户核算跨行支付业务的应收应付资金，链条长、成本高、效率低。中央银行组织建立了集中清算平台后，银行只需在中央银行开立一个账户即可完成跨行支付，无须再多头开立账户并存放资金。实践证明，业务规模越大，这种集中清算安排在节约资源、提高效率方面的优势越明显。2008 年国际金融危机凸显了集中清算的优势，以及在防范风险方面的重要性。国际金融危机中，正是由于大量衍生品交易没有通过中央对手方（CCP）进行集中清算，最终少数交易者资金链断裂的风险蔓延到全球市场。鉴于中央银行在风险事件中通常需履行最后贷款人的职责，国际社会在危机后重申，中央银行应强化对金融市场基础设施的宏观审慎管理，强调集中清算安排可更加有效地管理金融市场基础设施的风险。

修订并通过《中华人民共和国证券投资基金法》和《期货交易管理条例》，为中国金融体系提供了法律基础。证券投资基金法将私募基金纳入法律调整范围，加强对基金管理者、股东和基金从业人员的监管。条例对期货交易的相关概念进行了明确的定义和解释，对期货交易所的设立和期货交易活动的开展进行了严格限制。在保险市场方面，进一步加快开放步伐，允许外资保险公司经营机动车交强险，另外，国家对符合要求设立的农业保险给予一定的财政支持。对涉及内幕交易、操纵价格、虚假信息的犯罪行为以及所应采取的惩罚措施进行更为明确的界定，严厉打击金融犯罪活动，严格惩罚金融违法行为。清理整顿交易场所，为广大用户提供一个公平有效的平台。针对金融不良债权、金融创新涉诉和金融知识产权案件，运用各种司法措施加大金融案件的执行力度来保障金融信息安全。对于中国人民银行的职责，尤其是制定和执行货币政策、保护金融稳定和提供金融服务的职责用规范性文件进行明确界定，提高其处理金融市场问题的履职能力。在国家允许民间资本进入银行业之后，更要加强监管，制定相关规章办法，规范银行业、证券期货业和保险业的发展，使金融业的发展有法可依。2008 年国际金融危机之后，世界各国都加强了监管和风险防范，并积极推进金融监管制度的改革，提高央行和各金融机构处理系统性金融风险的能力，提高对金融市场和金融产品的监管标准，保障金融消费者的权益。央行应提高监管水平，密切关注金融监管体系的国际标准和改革，防范和化解系统性金融风险，维护金融稳定。

稳步推进会计准则和标准的制定，修改和完善中国的企业会计准则，推动中国的企业会计准则与国际财务报告准则趋于一致，大力开展会计准则和标准的对外交流与合作，以利于国际贸易和资本流动。针对“营改增”试点地区的新业务和新情况制定相应的会计处理制度，进一步规范会计信息化流程。

2013 年 3 月，经国务院常务会议审议通过的《征信业管理条例》正式实施。中国的征信业从改革开放以来经历了从无到有、缓慢发展、初具规模几个发展阶段。目前，中国信用行业仍处于不规范和缓慢发展阶段。征信业是提供信用信息服务的行业，对于金融机构信用风险的防范和金融稳定的维护有着重要的作用。该管理条例的实施意味着中国征信业有法可依，并对信息使用者的业务和范围进行了定义，有利于加强征信市场的管理，保护信息主体的信息安全，改善社会信用环境，加快社会信用体系的完善。中国推广应用机构信用代码，为企业和储户建立信用档案，并对其信用情况进行跟踪。应继续强化征信管理，对商业银行征信业务进行检查，对泄露个人信用信息行为严肃查处。积极推动统一的信用信息平台的建设，为金融业提供强大的资金信用信息基础数据库。加强对信用评价机构的管理，逐步增强信用评级报告的权威性。积极开展征信宣传教育活动，普及征信知识，提高社会各界的信用意识。

中国根据自身国情，参考国际标准，积极稳妥推进反洗钱工作。建立反洗钱风险提示机制，使人们对洗钱风险及资金活动有明确的认识和辨别能力，促使金融机构自主建立异常交易质保体系来检测洗钱风险状况。加强金融机构对反洗钱内控制度和系统建设的监管，研究建立金融机构洗钱风险评估指标体系，来检测和评估金融机构的洗钱风险。加强对反洗钱风险的监管和防范，将支付机构纳入反洗钱监管范围，定时对相关金融机构进行反洗钱检查活动，提高反洗钱调查效率，建立正常的金融秩序和维护金融稳定。加强国际合作和协调。

改革开放40多年来，在党中央、国务院的关心领导下，我国金融信息化得到了巨大发展、取得了瞩目成就，有力地支撑了金融业的创新发展，为金融服务社会主义市场经济提供了强大动力，为全面建成小康社会、实现第一个百年奋斗目标作出了积极贡献。当前，数字技术快速迭代，金融科技深度融合，数字金融蓬勃兴起，金融信息化进入数字化、智能化新时代。“十三五”时期，以大数据、人工智能、云计算、物联网等为代表的新兴技术在金融领域加速应用，金融科技成为金融机构数字化转型的新武器，也是践行普惠金融、发展数字经济的新引擎。一是金融业信息基础设施不断完善。建成人民币跨境支付系统，投产首个基于分布式架构的网联清算平台，搭建统一的数字票据交易平台，进一步提高了支付清算和金融市场的规范化、透明化水平和处理效率，有力支撑了行业创新，促进了公平竞争。二是金融科技从基础支撑到引领变革。金融机构利用信息技术创新金融产品、改变经营方式、优化业务流程，产品服务更加智能、场景结合更加紧密、数据价值更加凸显。三是网络安全经受住了考验。金融业积极落实网络安全法，将网络安全宣传、教育、对标等纳入安全工作管理体系，强化金融科技风险防控，提升金融网络安全防护水平，保障了金融网络和信息系统安全稳定运行。四是金融科技治理效能提升。金融管理部门加强顶层设计，制定发布信息化、标准化金融科技发展规划，加大金融标准供给，强化金融标准实施，坚持金融科技发展与监管“两手抓”，秉持守正创新和包容审慎原则，创设金融科技创新监管工具，充分发挥金融科技赋能作用，实现金融与科技深度融合、协调发展。与此同时，金融信息化工作也存在问题和不足，如金融科技基础设施建设不均衡不充分、信息技术自主可控明显不足、制度标准不适应、高层次和复合型人才短缺等。这些问题和不足均需要我们在未来工作谋划和实践中加以重视、切实解决。

8.1.4 宏观审慎管理

宏观审慎管理以防范系统性风险为根本目的，将金融业视作一个有机整体，既防范金融体系内部关联可能导致的风险传递，又关注金融体系的跨周期稳健运行，从而有效管理整体风险。系统性风险主要通过时间和结构性两个维度积累。时间维度上，金融风险随着时间不断积累最终导致金融体系的脆弱性增加；结构性维度上，金融机构和金融市场之间因相互关联产生风险。相应地，宏观审慎制度主要包括：时间维度上，要求金融机构在系统性风险积累时建立风险缓冲机制，以减缓周期性波动带来的冲击，主要工具有逆周期资本缓冲、附加资本要求、动态拨备要求、杠杆率、贷款价值比和贷款收入比等；结构性维度上，重点关注系统重要性金融机构（SIFI）及金融体系关联度，主要工具有识别及监管 SIFI、制订恢复和处置计划、要求场外衍生品集中清算。

目前，宏观审慎管理的核心国际标准包括《巴塞尔协议Ⅲ》部分标准、《有效金融机构处置机制核心要素》《全球系统重要性银行认定及损失吸收能力》等文件。美国、英国、欧盟等主要经济体均明确央行负责宏观审慎管理和系统性风险防范工作，持续建立健全央行的宏观审慎管理框架。

我国在借鉴国际经验的基础上，不断强化宏观审慎管理，稳步推进金融监管体制改革，健全金融监管协调机制，加强系统性风险监测评估，完善宏观审慎政策工具，牢牢守住不发生系统性金融风险的底线。

8.1.4.1 美国在宏观审慎管理方面的最新进展

（1）减轻中小金融机构监管负担

特朗普就任美国总统后，认为 2010 年通过的《多德-弗兰克法案》存在监管过严、不利于经济增长的弊端，因此提议放松对金融业的监管。2017 年 12 月，美国参议院银行、住房与城市事务委员会提出《经济增长、监管放松和消费者保护法案》，重点关注中小型金融机构的监管放松。2018 年 5 月 24 日，特朗普签署通过该法案，对 2010 年《多德-弗兰克法案》等监管法律法规进行了修订，标志着国际金融危机后制定的严格监管政策发生松动。这次改革主要包括将适用审慎监管标准的银行控股公司资产规模从 500 亿美元提高到 2500 亿美元、简化小型金融机构的监管规则、促进资本市场发展和加强金融消费者保护等内容。

（2）系统性风险监测和评估

金融稳定监督委员会（FSOC）于 2017 年 12 月发布年报，认为在全球经济温和复苏的背景下，受英国脱欧、货币市场基金改革、资产价格上涨、各期限利率上行等因素的影响，美国金融体系存在潜在风险，主要包括：网络安全可能影响金融体系关键功能；资产管理产品在流动性、杠杆率、赎回方面存在风险；大型银行控股公司存在顺周期风险；CCPs 与其清算对手存在关联性风险；大额短期融资市场稳定性不足；市场参与者仍然过度依赖 LIBOR 等参考利率；金融数据的数量和质量无法满足风险防范需求；国内外利率上升，资产价格存在骤降风险；房地产金融改革立法滞后；使用自动交易系统开展交易导致金融市场复杂性增加；等等。

（3）逆周期资本要求

2017 年 12 月，美联储宣布，通过与联邦存款保险公司和货币监理署协商，按照逆周期资本要求政策框架，维持逆周期资本要求为 0。如果美联储今后决定修改资本缓冲标准，需要提前 12 个月确定生效日期，以使银行有充足的时间作出调整。

（4）系统重要性金融机构监管

2017 年 9 月，美联储出台一项规定，要求美国的 G-SIBs 和在美国运营的外国 G-SIBs 修改合格金融合约（QFCs），以便在该 G-SIB 破产或进入处置程序时，在一定时间内禁止交易对手取消或终止合约，从而为 QFCs 提供一个避险窗口，避免该 G-SIB 的无序处置。鉴于系统重要性银行作为交易对手方的 QFCs 规模过于庞大，一旦某一家系统重要性银行破产，可能导致 QFCs 的大规模终止和相关资产价格的大幅下跌，从而使得一家机构的风险迅速传递到整个金融体系。因此该规定要求，系统重要性银行破产时，为了防止其影响扩散到其他有偿付能力的机构，一段时间内禁止行使对该银行 QFCs 的违约权利。该规定于 2019 年初开始实施，并根据交易对手的类型设定了不同的过渡期。

8.1.4.2 欧盟宏观审慎管理的最新进展

（1）系统性风险监测和评估

欧洲系统性风险委员会（ESRB）发布年度风险监测报告，指出当前受全球长期低利率环境和地缘政治不确定性影响，欧洲面临四大潜在金融风险：全球金融市场风险溢价可能发生重新定价，银行、保险机构和养老基金的资产负债表健康程度仍不乐观，政府、企业和居民部门的债务可持续性进一步恶化，非银行部门的风险可能向银行体系传染。

（2）发布宏观审慎公报

2017 年 12 月，欧洲央行发布第四期宏观审慎公报，阐述了一系列宏观审慎政策工具的运用情况，包括引入合格债务最低要求作为银行自救工具；评估在外部救助（bail-out）和自救（bail-in）两种机制下银行估值和债务回收率的变化；大力落实国际上已议定的关于增强银行稳健性的改革，包括提高资本充足率和改善流动性、引入 TLAC 要求、对非担保债务工具的清偿顺序作出安排等。

（3）影子银行监测

2017 年 5 月，ESRB 发布首份欧盟影子银行监测报告，指出 2016 年欧盟影子银行规模增速放缓。截至 2016 年底，欧盟影子银行规模达 40 万亿欧元，占欧盟金融部门总资产的 38%，相当于欧盟 GDP 的 272%。影子银行规模的持续增长推升了金融杠杆，增加了金融体系的关联性风险。

8.1.4.3 英国的宏观审慎管理最新进展

（1）宏观审慎政策制定

金融政策委员会（FPC）认为，受脱欧持续影响，英国金融稳定和经济前景仍然面临不确定性。英国房地产市场风险凸显；经常项目赤字仍然严重；英镑汇率较为稳定，仍维持在脱欧公投后的汇率低位；住户部门债务率虽有所下降但仍维持在较高水平，整体信贷增速略高于名义 GDP。基于上述金融运行情况，FPC 将逆周期资本要求由 0.5%上调至 1%，自 2018 年 11 月 28 日起，英国银行业须额外计提 114 亿英镑的逆周期资本。

（2）银行业压力测试

2017 年 3 月，英格兰银行开展了第四次银行业压力测试，测试对象贷款规模占全部贷款的 80%。此次压力测试情景比国际金融危机更加严重，在重度压力情景下，银行业前两年总损失将达到 500 亿英镑，但可用资本缓冲能够实现损失全覆盖。7 家银行的整体核心一级资本充足率由 13.4%下降至 8.3%，杠杆率从 5.4%下降至 4.3%。压力测试结果显示，主要大型银行资本水平均得到有效强化，银行业整体资本充足，能够充分应对英国及全球经济衰退、资产价格大幅下跌，同时可以满足实体经济信贷需求。

8.1.4.4 我国的宏观审慎管理最新进展

对于宏观审慎政策框架，中国一直关注宏观总量和金融稳定问题，偏向于从产品供给宏观角度出发，丰富和完善金融宏观调控模式。现阶段中国的金融宏观调控模式是数量调控、价格调控和宏观审慎相结合的模式，中国人民银行重视价格指标如利率、汇率的变化，也注重数量指标如货币供给等的变动情况，通过信贷传导机制和准备金动态调整手段，提示潜在的风险，以加强金融宏观调控。

（1）稳步推进金融监管体制改革

成立国务院金融稳定发展委员会。2017 年，经党中央、国务院批准，国务院金融稳定发展委员会（以下简称“金融委”）成立。金融委不替代各部门职责分工和工作程序。金融委办公室设在中国人民银行，主任由中国人民银行行长兼任。作为国务院统筹协调金融稳定和改革发展重大问题的议事协调机构，金融委负责落实党中央、国务院关于金融工作的决策部署；审议金融业改革发展重大规划；统筹金融改革发展与监管，协调货币政策与金融监管相关事项，统筹协调金融监管重大事项，协调金融政策与相关财政政策、产业政策等；分析研判国际国内金融形势，做好国际金融风险应对，研究系统性风险防范处置和维护金融稳定重大政策；指导地方金融改革发展与监管，对金融管理部门和地方政府进行业务监督和履职问责等。

统筹监管银行业、保险业金融机构，强化中国人民银行宏观审慎管理职能。将原银监会和原保监会的职责整合，组建中国银行保险监督管理委员会，统一监督管理银行业和保险业；将原银监会和原保监会拟定银行业、保险业重要法律法规草案和审慎监管基本制度的职责划入中国人民银行，强化中国人民银行宏观审慎管理和系统性风险防范职责。

（2）加强系统性风险监测与评估

不断加强银行、证券、保险业金融机构和具有融资功能的非银行金融机构的监测评估和现场检查工作。组织商业银行开展金融稳定压力测试，不断扩大压力测试覆盖范围。持续加强对重点领域和突出问题的风险监测和排查，对地方政府融资平台、金融控股公司、加密资产、资产管理业务风险、实业企业投资金融业等问题进行重点研究。加强对宏观经济形势、区域金融风险及特定行业趋势的研判，继续开展大型有问题企业风险监测，及时处理重大风险事件。

（3）不断完善宏观审慎政策

完善金融机构评价体系。一方面，继续完善宏观审慎评估（MPA），2017年第一季度将表外理财纳入“广义信贷”指标范围，第三季度将绿色金融纳入“信贷政策执行情况”进行评估，2018 年第一季度将同业存单纳入“同业负债占比”指标。另一方面，建立央行金融机构评级体系。中国人民银行起草了《央行金融机构评级管理办法（试行）》，于 2018 年 1 月 1 日开始实施。成立央行评级委员会，在存款保险风险评级、稳健性现场评估基础上充分吸收 MPA 的相关内容，制定央行金融机构评级指标体系，并完成了首次评级工作。

落实全口径跨境融资宏观审慎政策。2017 年 1 月发布《关于全口径跨境融资宏观审慎管理有关事宜的通知》，进一步完善了全口径跨境融资宏观审慎政策，提高了融资便利性，有利于境内机构充分利用境外低成本资金，支持实体经济发展。

动态调节跨境资本流动宏观审慎政策。2017 年 9 月，中国人民银行将远期售汇风险准备金征收比例由 20%调降至 0，并取消对境外金融机构境内存放准备金的穿透式管理，2018 年 5 月，将港澳人民币业务清算行存放中国人民银行清算账户的人民币存款准备金率降为 0，促使逆周期调控措施逐步回归中性，强化外汇市场价格发现功能，提高市场流动性，更好地服务于实体经济，促进经济持续、协调、平稳发展。2018 年 8 月 3 日，为防范宏观金融风险，促进金融机构稳健经营，加强宏观审慎管理，中国人民银行决定自 8 月 6 日起，将远期售汇业务的外汇风险准备金率从 0 调整为 20%。

统一资产管理业务监管标准。2018 年 4 月 27 日，《关于规范金融机构资产管理业务的指导意见》正式发布，从弥补监管短板、提高监管有效性入手，按照资管产品的类型制定统一的监管标准，对同类资管业务作出一致性规定，实行公平的市场准入和监管，最大限度地消除监管套利空间，同时充分考虑市场承受能力合理设置过渡期。7 月 20 日，中国人民银行发布《关于进一步明确规范金融机构资产管理业务指导意见有关事项的通知》，就过渡期内有关的具体的操作性问题进行明确，进一步阐释公募资产管理产品的投资范围，进一步明晰过渡期内相关产品的估值方法，进一步明确过渡期的宏观审慎政策安排和自主有序整改。

加强非金融企业投资金融机构监管。2018 年 4 月 27 日，《关于加强非金融企业投资金融机构监管的指导意见》正式发布，明确非金融企业投资金融机构的政策导向，强化股东资质、股权结构、投资资金、公司治理和关联交易监管，加强实业与金融业的风险隔离，防范风险跨机构跨业态传递。同时，鼓励扎根于为实体经济服务的金融创新，允许具备核心主业突出、财务状况良好、公司治理规范、发展战略合理等条件的非金融企业依法依规投资金融机构。完善系统重要性金融机构（D-SIFIs）监管。D-SIFIs 在金融体系中居于重要地位，其经营和风险状况直接关系到我国金融体系整体稳健性以及服务实体经济的能力。为此，迫切需要明确政策导向，就 D-SIFIs 监管作出制度性安排，补齐监管短板，防范“大而不能倒”风险和系统性金融风险，有效维护金融体系稳健运行。按照党中央、国务院工作部署，中国人民银行会同监管部门研究制定国内 D-SIFIs 评估、监管和处置框架，明确 D-SIFIs 的定义和范围，规定其评估方法和流程，对其提出特别监管要求，施加审慎监管措施，并建立 D-SIFIs 特别处置机制。

加强金融基础设施统筹监管与建设规划。中国人民银行会同有关部门制定统筹监管金融基础设施的有关工作方案，重点是制定金融基础设施管理办法，对各类金融基础设施的准入、运作、监管要求等作出统一规范。同时，强化对金融基础设施建设的规划引领，完善治理，加强协调，最终形成布局合理、治理完善、安全高效、监管有力的金融基础设施体系，推动形成统一包容开放的金融市场，充分发挥金融市场资源配置功能。

全面推进金融业综合统计工作。加快推进金融业综合统计，是有效监测金融服务实体经济成效、提高服务效率的关键信息基础，是前瞻性防范化解系统性金融风险、维护金融稳定的迫切需要。2018 年 3 月，国务院办公厅发布《关于全面推进金融业综合统计工作的意见》，要求按照强基础、补短板、扩内容、促共享的工作方针，建立为服务实体经济、防控金融风险、深化金融改革三大任务服务的金融业综合统计体系。中国人民银行与其他金融管理部门按照要求，加快推进金融业综合统计相关工作。2019 年的阶段性目标是，推进交叉性金融产品统计，推进系统重要性金融机构及金融控股公司统计，编制金融业资产负债表，加强绿色金融、普惠金融等专项统计，建立完善债券市场、货币市场、外汇市场等金融市场统计，建立金融业综合统计标准体系。

8.2 中国金融稳定存在的问题

从整体上来说，改革开放以来中国的金融体系运行都比较平稳。尤其是在国际金融危机之后，中国探索宏观审慎管理的金融调控政策，加强对金融体系要素的监管，继续完善立法，加快利率改革，加强市场约束机制，深化金融改革。尽管这些都为金融体系的稳健运行提供了良好的基础和指导，但在整个金融系统发展的过程中，累积的风险逐渐暴露出来，也会影响整个金融体系的稳定。

8.2.1 中国银行业存在的问题

8.2.1.1 不良资产率较高

根据国际货币基金组织的统计，历史上发生的严重金融问题和金融危机中，不良贷款引发的金融问题和金融危机占 50%以上，表明不良贷款是引起金融系统不稳定的主要风险。

不良贷款是贷款五级分类中次级类贷款、可疑类贷款和损失类贷款之和。2019 年第二季度末，中国商业银行的不良贷款达到 22352 亿元，比 2019 年初增加 2098 亿元，不良贷款率为 1.81%，与第一季度基本持平（见图 8.2）。这表明商业银行的客户违约风险大，不良贷款有进一步增加的可能，如果大量贷款不能按期收回，或者有严重损失，就可能引起信贷型的流动性问题，引发挤兑现象并波及整个金融体系。大型商业银行是中国金融系统的主体银行和重要性银行，2018 年，大型商业银行不良贷款持续增加，大型商业银行第四季度不良贷款余额达 7744 亿元，不良贷款率较上一季度稍有降低。城市商业银行近年发展迅猛，粗放型、扩张型发展带来了更多的不良资产问题，不良资产率也一直在攀升（见表 8.1）。股份制银行和城市商业银行的不良贷款问题在整个商业银行体系中尤为突出，这些银行的不良资产问题是中国金融体系最大的风险来源。为降低系统性主要银行的风险，中国也在探索和尝试各种各样的方式和方法来检测和评估这些风险。

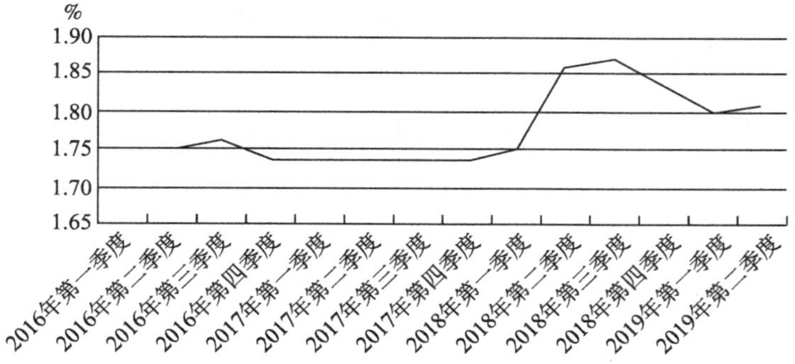

图 8.2 2016 年第一季度至 2019 年第二季度中国商业银行不良贷款情况

资料来源：中国银行监督委员会网站。

表 8.1 2018 年各类商业银行的不良贷款情况

类型	2018 年第一季度		2018 年第二季度		2018 年第三季度		2018 年第四季度	
	不良贷款余额/亿元	不良贷款率/%	不良贷款余额/亿元	不良贷款率/%	不良贷款余额/亿元	不良贷款率/%	不良贷款余额/亿元	不良贷款率/%
商业银行	17742	1.75	19571	1.86	20322	1.87	20254	1.83
大型商业银行	7820	1.5	7886	1.48	8018	1.47	7744	1.41
股份制商业银行	3980	1.7	4122	1.69	4292	1.70	4388	1.71
城市商业银行	1943	1.53	2089	1.57	2370	1.67	2660	1.79
民营银行	10	0.57	12	0.57	12	0.48	16	0.53
农村商业银行	3905	3.26	5380	4.29	5534	4.23	5354	3.96
外资银行	84	0.66	82	0.63	96	0.73	90	0.69

资料来源：中国银行保险监督管理委员会网站。

8.2.1.2 盈利能力较弱

2018 年底，中国商业银行的净利润为 18302 亿元，比上年同期增加了 825 亿元。净利润虽然有所增加，但是增长速度有所放缓。中国商业银行盈利手段单一，再加上商业银行不良贷款余额的增加，更是减弱了银行的盈利能力。商业银行的盈利结构也不均衡，中国银行业的非利息收入占比并无上升趋势，离世界其他国家银行的水平还有一定的距离。商业银行的成本收入比反而一直呈上升的态势，成本的增加也压缩了银行的获利空间（见表8.2）。

表8.2 2016—2018年中国商业银行各季度盈利情况 （%）

指标	2016年				2017年				2018年			
	第一季度	第二季度	第三季度	第四季度	第一季度	第二季度	第三季度	第四季度	第一季度	第二季度	第三季度	第四季度
资产利润率	1.19	1.11	1.08	0.98	1.07	1.04	1.02	0.92	1.05	1.03	1.00	0.90
资本利润率	15.93	15.16	14.58	13.38	14.77	14.18	13.94	12.56	14.00	13.70	13.15	11.73
非利息收入占比	26.57	25.73	24.77	23.80	26.84	24.84	23.63	22.65	24.48	23.92	22.94	22.11
成本收入比	25.30	26.68	28.03	31.11	26.76	27.60	28.63	31.58	27.34	27.42	28.02	30.84

资料来源：中国银行保险监督管理委员会网站。

和世界发达国家的银行相比，中国商业银行的表外业务和中间业务发展相对较弱，相关业务产品较少，盈利较少。商业银行的盈利减少了，提取的呆账准备金也就减少了。虽然银保监会要求商业银行增加呆账准备金的提取，但增加的规模弥补不了贷款和不良贷款的增加规模。再加上中国2014年开始应用存款保险制度，对商业银行的盈利能力也产生了消极影响。所以，中国商业银行用准备金来抵御相关信贷风险的能力还需要提高。中国利率市场化进程已经基本完成，商业银行的贷款利率根据市场供求情况波动并受市场的约束，这也挤压了银行的盈利空间和范围。利率市场化使商业银行面临挑战：第一，在市场竞争加剧、利率波动加大的影响下，银行的净息差可能有所变化，一定程度上难以再单纯依靠规模扩张获得较高的利差，影响其盈利能力。第二，利率风险和流动性风险的增加是对商业银行风险管理能力的考验，尤其是中小型银行的管理和技术相对缺乏，面临着更为严峻的挑战。第三，商业银行间存款利率的差异化定价可能会加剧竞争，影响部分地区的银行间存款分布，进而影响一些金融机构资金来源的稳定性。

8.2.1.3 银行治理机制不健全

中国银行的治理机制偏向于传统体制下行政机关性质的治理结构，核心机构存在着严重的缺陷，股权结构单一，国有商业银行内部控制的委托人与代理人之间不能形成有效的激励与监管，运营效率低下，业务目标不明确，信息披露制度不健全。尤其是在中国加入世界贸易组织之后，中国银行业完全放开，提高中国商业银行的竞争力至关重要。国内银行竞争日益激烈，利率市场化使银行的获利空间缩小，银行要提高管理能力和竞争优势，就要有完善的公司治理机制，提高银行的创新能力，建立起能够与国际化银行开展有效竞争的治理结构。

另外，影子银行在中国迅速发展。由于经济金融环境和制度的不同，我国的影子银行不同于国际上一般定义的影子银行，主要是指一些开展融资活动的非金融机构以及金融机构某些具有影子银行特征的业务等。我国对影子银行还未形成正式的、官方的有效监管。影子银行缺乏有效监管，就会隐藏很大的风险：影子银行的存在会干扰到宏观调控，间接地影响经济结构的调整，降低金融宏观调控的效率；影子银行一旦发生风险就会迅速传递到实体经济和实体银行中；影子银行对正规的金融机构形成不正当竞争，造成金融机构业务的流失，如余额宝夺走了正规银行大量客户；有些影子银行管理不规范，如一些小额贷款公司和担保公司不注重风险管理，再加上监管部门没有对其日常经营进行有效监控，很容易出现违规经营问题等。

8.2.2 保险业存在的问题

保险业就是转嫁风险的载体，如果保险公司不能合理化解转嫁在自己身上的风险，不仅会影响到保险参与者的利益，还有可能在保险市场上引发系统性风险。利率和汇率风险、流动性风险、通货膨胀风险等都是保险市场上可能出现的金融风险。中国的保险业虽然发展较晚，但是增长较快，还存在着一定的问题和风险。

8.2.2.1 保险市场结构不均衡

随着改革开放的进一步深化，中国保险市场的准入条件也进一步放开，保险公司逐渐增多，外资保险公司在中国的分支机构和子公司也逐渐增加，这使得国内保险市场的竞争更加激烈，也在一定程度上打破了中国保险市场的垄断状态。中国的保险公司主要由中资保险公司和中外合资保险公司两大类机构组成，目前外资还不能设立独资的保险公司（见表 8.3）。在中国，中资保险公司的资产总额和市场份额占到保险公司总资产的一半以上，一是因为在20世纪80年代以前保险业长期受国家垄断，在短期内国有独资保险公司的地位难以动摇，二是因为保险市场缺乏完善的退出机制，现有的保险公司获得了事实上的保护，三是因为已有的保险公司融资渠道有限，主要通过自我积累实现扩张，无法在短期内迅速发展壮大。

表 8.3　2010—2018 年中国中资保险公司和中外合资保险公司数量

单位：家

年份	中资保险公司	中外合资保险公司
2010	81	53
2011	90	51
2012	101	52
2013	109	55
2014	113	57
2015	126	57
2016	135	57
2017	145	57
2018	176	59

资料来源：中国银行保险业监督管理委员会网站。

保险市场的地区发展不平衡。这是中国经济发展的基本特征所决定的，在东部沿海经济发达地区，保险公司较多，竞争激烈，保险需求也比较旺盛；中西部地区保险需求较小，人们的保险意识薄弱，保险公司的保费收入较低，保险公司也较少。这种情况将长期存在，只有在未来的经济发展中解决区域经济失衡的问题，才能从根本上解决这个问题。

产品结构发展也不均衡。受经济增长缓慢的影响，农业险等险种的保费收入增长较快；财产险的需求明显不足，增长乏力，发展缓慢；寿险业保费增长缓慢，回报率不高，无法吸引更多的资金投入人寿保险。在财险中，虽然车险保费收入占比一直较高，但是由于经济环境的变化和一些地区对车辆的限购政策，车险保费也出现了明显的下降趋势，如责任保险、货物运输保险。在寿险中，分红险保费收入占比较高，保障型和分期缴付型的保险产品不受重视。人们为了满足高收益和流动性需求，投资的保险产品呈现短期化和理财型的特点，这也形成了寿险行业产品和金融理财产品的竞争。从保费收入来看，2018 年，原保险保费收入 38016.62 亿元，同比增长 3.92%。其中，产险公司原保险保费收入 11755.69 亿元，同比增长 11.52%；人身险公司原保险保费收入 26260.87 亿元，同比增长 0.85%。产险业务中，交强险原保险保费收入 2034.38 亿元，同比增长 8.85%；农业保险原保险保费收入 572.65 亿元，同比增长 19.54%。另外，人身险公司未计入保险合同核算的保户投资款和独立账户本年新增交费 8286.58 亿元，同比增长 30.24%。

保险资金投资渠道有限，投资收益不高。中国近年保险资金运用余额逐步增长，截至 2018 年底，保险资金运用余额为 164088.38 亿元，较年初增长 9.97%。具体来看，截至 2018 年底，银行存款 24363.50 亿元，占比 14.85%；债券 56382.97 亿元，占比 34.36%；股票和证券投资基金 19219.87 亿元，占比 11.71%；其他投资 64122.04 亿元，占比 39.08%。目前保险资金主要流向了债券市场，然而中国债券市场发展还不成熟，长期国债和金融债的收益率偏低，在一定程度上增加了保险公司的运营成本，给保险公司带来了投资上的压力。尤其是对于寿险公司来说，无法使资产和负债形成合理匹配，使保险公司面临流动性的风险。

如果放宽保险公司的投资条件，资本市场的不完善和不健全反而会加大保险公司的资产风险。另外，中国保险业还存在长钱短用的问题，即资产和负债期限不匹配。寿险的这种情况更为突出，因为寿险资金期限长而且规模大，在可投资的金融工具中找不到期限长的投资品种。中国的政府债券、金融债券和企业债券的期限大都是 3~10 年，十余年的国债规模相对较小，不符合寿险资金的投资需求。受金融市场中长期投资工具较少的影响，保险资金期限错配的风险还可能进一步加大。2012 年寿险公司退保金同比增长 25%，寿险业退保压力增大，一些地区发生了集中退保事件，对金融稳定和社会稳定造成了一定影响。目前寿险保费收入增长缓慢，保险公司流动性资金不充足，如果出现大量退保，更会加大保险公司的流动性风险。

市场竞争秩序混乱。中国的保险市场上，保险公司经营主体的数量有增加的趋势，但保险产品有限，不能满足投保人的多方面需求。随着保险市场准入的放宽，对保险公司的监管也有减弱之势。部分保险公司在正式设立新机构之前，临时租赁营业场所开展业务，如果业务量达不到一定规模便撤离。一些投保人反映，在购买保单后保险公司营业网点人去楼空，无法得到有效的后续服务。保险公司之间还存在不正当竞争行为。有的保险公司为争取业务，向代理机构支付高额手续费，违规向客户提供费率打折、高额回扣。有的随意扩大保险责任，擅自提高赔付水平、扩大赔付范围。有的在展业过程中对其他公司的负面信息作夸大宣传，打压同行。有些保险公司的部分营销人员片面夸大产品功能，不将限制条款和免除责任如实告知客户，误导投保人。还有一些保险公司利用自身信息优势拖赔、惜赔和不合理拒赔，保险合同涉诉案件日益增多。

8.2.2.2 保险公司资本和股权方面存在问题

部分股东使用非自有资金出资、虚假注资。一些股东增资入股保险公司的资金来源不是自有资金，而是贷款、资管计划、信托计划等债务资金，少数公司甚至使用保险资金自我注资、循环注资、虚假注资。部分大股东利用保险公司进行利益输送。部分保险公司股权结构复杂且不透明，大股东通过隐蔽手段持有大量股权，绝对控股保险公司，将其作为融资平台，通过不当关联交易套取保险资金，向集团其他企业进行利益输送。部分保险公司大量开展高风险业务。在产品费率和投资比例限制放宽的环境下，部分保险公司激进经营，销售大量中短存续期万能险产品，保险产品异化为短期理财产品。将保险资金大比例投资于权益类资产和房地产，“短钱长配”。

8.2.3 金融市场存在的问题

8.2.3.1 货币市场基金存在的问题

货币市场基金暴露出流动性问题，具有易受“挤兑”的内在脆弱性。货币市场基金是为了规避存款利率管制，作为银行活期存款的替代物而产生和发展的。为凸显其收益的稳定性，在多数国家和地区（如中国、美国、欧盟），货币市场基金以摊余成本法为主进行会计核算、按面值1元报价，定期将收益转为基金份额。但实际上，货币市场基金仍面临流动性风险、利率风险和信用风险，一旦出现极端市场行情，基金面值将与实际价值出现较大偏离，投资者有极大动力集中赎回，形成类似银行存款的“挤兑”效应。此时货币市场基金不得不大量变现同业存单、债券等资产，诱发“基金赎回—变现损失—加剧赎回”的恶性循环。2016年11月，货币市场短期资金价格攀升较快，1个月同业存单收益率上行超过200基点，中债指数大幅下调超过2%。受此影响，货币市场基金承受了较大的净赎回压力，规模由11月中旬的4.34万亿元陡降至12月13日的3.77万亿元，降幅达13%。

个别体量巨大的货币市场基金流动性风险隐患更为突出。近年来，基于互联网的货币市场基金迅速发展。这些基金对客户采用T+0赎回模式，与银行活期存款类似，却不缴纳存款准备金，没有资本约束，且将原本存于银行的客户资金进行归集后重新存入银行，凭借更强议价能力索取更高利率。而这些T+0货币市场基金与银行清算为T+1日，若市场流动性状况发生变化，容易成为赎回甚至“挤兑”对象，并将风险传导至银行等相关机构。个别T+0货币市场基金在用户数量及金融机构业务关联等方面均已具有系统重要性，一旦出现流动性问题，单体风险极易向金融体系蔓延，甚至影响社会稳定。

机构投资者集中度较高。当货币市场基金投资者主要是中小投资者时，基金管理人可通过运用大数法则等手段对基金赎回规模进行预测，较好地进行流动性管理；但当银行、保险等机构投资者成为货币市场基金的主要投资者后，由于单个机构的投资规模通常较大，且具有信息和专业优势，一旦市场出现不利变化，将产生大额集中赎回，进一步加剧货币市场基金的流动性风险。截至2017年底，我国货币市场基金中约45%的资金来自银行等金融机构。个别货币市场基金为做大规模，专门针对银行、保险等机构的委外投资需求定制基金，进一步加剧了基金投资者的集中度，加大了市场的共振效应与脆弱性。

跨市场传染特征明显。货币市场基金是我国货币市场和债券市场重要的参与主体，资产配置包括银行协议存款、同业存单和债券等。当出现“挤兑”风险时，货币市场基金被迫折价出售所持资产，使自身的流动性风险通过资产价格的下跌传递至其他金融市场，再传递至商业银行等金融机构。2016年12月，货币市场基金连续多日日赎回额超过500亿元，在日交易量约1000亿元的同业存款市场和5000亿元的债券市场中占有相当比例，特别是在部分交易日，货币市场基金集中变卖同业存单，导致同业存单收益率大幅飙升，引发市场恐慌。

8.2.3.2 资本市场存在的问题

中国的证券市场从成立开始就加快了开放的步骤，在A股市场建立不久，就陆续开始发行B股、H股等。随着中国经济与世界经济的联系越来越紧密，中国资本市场的开放力度一再加大。然而在资本市场开放的过程中，如果对风险处理不当，则会带来非常严重的后果。从近几十年的金融发展史中可以看出，资本开放是一个国家经济安全与金融稳定的重要问题。中长期信贷市场和证券市场构成了资本市场。中国的资本市场正向多层次的方向发展。

(1) 中长期信贷市场

中长期信贷市场在中国的资本市场中处于非常重要的地位。中长期贷款是通过银行进行的，这个市场存在的问题也是银行业中长期贷款存在的问题。目前，中国中长期贷款一直保持稳定增长，银行的大部分资金都投入了中长期贷款上，中长期贷款的增长速度超过总贷款的增长速度，而银行体系的存款结构变化不大，导致了银行资产负债期限错配的矛盾。另外，中长期贷款主要投向了基础设施建设和房地产投资方面。近年来全国各地房地产价格的上涨，使得房地产开发商对房地产行业的预期更加乐观，从银行大量借款从事房地产投资。然而房地产贷款面临很多的风险，如国家政策风险、利率风险、借款人的违约风险等，其中任何一种风险都会影响到房地产贷款能否按期足额偿还，更会影响到银行业的流动性问题和银行业的稳定。温州本次房地产泡沫破灭就是因为房地产资金链断裂，并不能按期足额还款给银行导致房地产商逃跑等事件的发生。

(2) 证券市场

中国证券市场还未在资本市场中处于领导地位，但是在未来的发展中，证券市场将越来越完善，作用将越来越明显。目前中国证券市场存在的问题主要有如下几个方面。

首先，证券市场上信息不对称。有学者对中国上市公司年报披露的信息进行了实证研究，结果是中国的证券市场是非有效市场，只是对历史信息进行了反映，但是对于投资者来说这些信息的作用不是很大，投资者不能完全理解这些信息。在中国的证券市场上还存在内幕信息和内幕交易，目前还没有非常有效的方法来杜绝和阻止。上市公司的信息披露存在着严重的信息不对称问题，有些公司披露的信息和会计师事务所出具的预测指标相差较多，无法作为投资者参考的依据。

其次，中国的股票市场有着较高的换手率和市盈率。中国的股票市场投机性强，高换手率使得股票市场稳定性差，难以形成稳定的持股者。目前的上市公司中，大股东占款现象比较严重，破坏了上市公司的正常经营秩序，挫伤投资者的投资信心，不利于资本市场制度的完善，扰乱了资本市场的正常秩序。如果这些问题不能得到解决，最终会影响到整个经济的发展。

再次，中国的投资者中，中小投资者较多，稳定的机构投资者较少。这增加了证券市场的流动性风险，更容易诱发证券市场的短期投资行为，造成证券市场的震荡。中国的股权分置过于僵化，不能形成市场化的股权分置，不利于公司经营方式的改变和生产能力的提高，更不利于使一些出现问题的企业通过收购或兼并的形式复活或者扭亏为盈。这样一来，那些盈利较少的小股东就无法获取更多盈利，使得股票市场失去活力。虽然目前已经完成了股权分置改革，但是并没有从根本上形成市场化的控制权。

最后，公司上市和上市公司股票的发行审核烦琐，审核效率较低；对新股发行和再融资的监管存在问题，使得资本市场融资功能受限；市场交易制度和结算制度不能满足投资者控制风险的需要，使得股票市场的发展逐渐与实体经济相脱节。

8.2.4 宏观经济发展对金融稳定的影响

全球经济同步复苏，中国经济稳中向好，各项经济指标持续改善，但国际国内经济金融形势依然复杂严峻。从国际看，发达国家经济金融政策的外溢效应、逆全球化和保护主义等潜在风险仍需关注。从国内看，我国经济运行中的结构性矛盾仍较突出，防范金融风险的任务依然艰巨。下一步，要坚持稳中求进工作总基调，深化供给侧结构性改革，加强宏观审慎管理，激发各类市场主体活力，推动形成全面开放新格局，促进经济社会持续健康发展。

8.2.4.1 国际经济形势对金融稳定的影响

美国“宽财政+紧货币”政策组合的溢出效应需密切关注。2017 年 12 月，美国国会通过“税改”方案，将大幅降低企业所得税税率，采用有限属地征税体系，对企业海外累积利润进行一次性征税，并略微下调个人所得税税率。此外，美联储继续实施缩减资产负债表计划。“税改”的宽松财政政策与美联储货币政策收紧相结合，将对全球流动性、投资者风险偏好产生影响，进而影响全球金融市场和全球经济。

其他主要发达经济体货币政策正常化值得关注。随着发达经济体持续复苏，除美联储外，其他主要发达经济体央行也逐渐开始货币政策正常化。欧洲央行从 2018 年 1 月起进一步降低购债规模；英格兰银行于 2017 年 11 月启动了 10 年来的首次加息；市场对日本央行何时、以何种方式退出宽松货币政策的关注度也在上升。和之前紧缩周期相比，本轮货币政策正常化存在一些新特点，如全球范围内杠杆率相对较高、长期通胀率和生产率结构性改变、政治不确定性升高等，一旦货币政策收紧过快将导致长期利率抬升，可能对宏观经济和资产价格产生较大影响，阻碍复苏进程并引发金融风险。

逆全球化和保护主义风险仍需重视。收入分配不平等、全球贸易失衡导致反全球化思潮与保护主义情绪的进一步加剧，国际贸易及投资保护主义风险仍需重视。短期内，保护主义可能通过阻碍贸易、抑制外商直接投资削弱全球需求，威胁经济持续复苏。长期内，保护主义会阻碍资本和劳动力流动，影响资源的有效配置，抑制全球价值链参与者的竞争，拖累生产率提升和经济增长。

通胀前景仍存在不确定性。目前，全球通胀水平仍较为温和，部分发达国家通胀率持续低于目标水平。通胀表现与经济复苏态势出现背离的“通胀之谜”预示着经济复苏态势可能仍不稳固，引发广泛关注，对于“通胀之谜”源于暂时性因素还是呈趋势性仍存在争议。有观点认为，受劳动生产率低迷、全球价值链分工细化、人工智能蓬勃发展、全球性产能过剩等因素影响，低通胀可能成为趋势。如果通胀水平长期低迷，有可能降低市场通胀预期，增加央行货币政策调控难度。

高杠杆和沉重债务负担可能使消费和投资增长承压。从全球范围看，主要国家非金融部门杠杆率总体攀升。在家庭杠杆率高企、工资上涨迟缓、贫富差距不断增大的背景下，消费对经济复苏的拉动作用可能减弱。而受生产率增长长期低迷、政治不确定性上升、人口增长放缓及企业债务高企等因素影响，全球投资前景也面临不确定性。一些新兴市场经济体企业部门美元债务利息上升也进一步制约了其投资增长。

此外，地缘政治冲突多点爆发，风险因素和不确定性加速累积，对经济金融的影响加大。与此同时，与金融科技等新技术相伴而生的新风险亦不容忽视，对全球金融监管构成新的挑战。

8.2.4.2 国内经济形势对金融稳定的影响

当前，中国经济保持总体平稳、稳中向好态势，主要宏观调控指标处在合理区间，经济结构持续优化，但也面临一些新问题、新挑战，外部环境发生明显变化。我国经济结构性矛盾仍较突出，国内防范金融风险的任务仍然艰巨。企业部门杠杆率虽有所下降，但总体依然较高，部分国有企业杠杆率问题值得关注。地方政府隐性债务等问题值得关注。部分领域和地区金融“三乱”问题仍然突出。影子银行快速上升势头虽有所遏制，但业务存量仍较为庞大。一些机构在没有取得金融牌照的情况下非法从事金融业务，部分非法金融活动借金融创新和互联网金融之名迅速扩张，少数野蛮生长的金融控股集团存在风险。下一步，要全面贯彻党的十九大精神，以习近平新时代中国特色社会主义思想为指导，加强党对经济工作的领导，坚持稳中求进工作总基调，坚持新发展理念，紧扣我国社会主要矛盾变化，按照高质量发展的要求，统筹推进“五位一体”总体布局，协调推进“四个全面”战略布局，坚持以供给侧结构性改革为主线，统筹推进稳增长、促改革、调结构、惠民生、防风险各项工作，大力推进改革开放，创新和完善宏观调控，推动质量变革、效率变革、动力变革，在打好防范化解重大风险、精准脱贫、污染防治的攻坚战方面取得扎实进展，引导和稳定预期，加强和改善民生，促进经济社会持续健康发展。

（1）银行业

总体看，当前银行体系流动性合理充裕，货币信贷和社会融资规模适度增长，市场利率运行平稳。数据显示，2018 年社会融资规模全年增量为 19.26 万亿元，比上年少 3.14 万亿元。2018 年 12 月末，广义货币（M2）余额 182.67 万亿元，同比增长 8.1%，增速比上月末高 0.1 个百分点，与上年同期持平。全年人民币贷款增加 16.17 万亿元，同比多增 2.64 万亿元。这说明信用风险集中于银行系统，这种风险不断累积就会形成系统性的金融风险，长期的通胀压力的存在不利于宏观金融稳定。

中国的直接融资和间接融资比例相差甚远是固有的金融结构失衡问题。虽然资本市场正不断发展壮大，但是还没有从根本上改变以银行为主的金融体系。中国银行业总资产是中国金融业资产总额的一半以上。企业通过银行这个平台进行融资，会过度依赖银行贷款，使银行成为风险的集聚地，无法合理分散风险。另外，虽然各个银行都为中小企业的融资提供了不同的平台和金融支持，但是与国有企业相比，中小企业融资竞争力不足，导致资金配置效率较低，更无法提高金融业的国际竞争力。

高储蓄率是中国经济发展的一个特殊现象，为中国经济的发展提供了充沛的动力。储蓄率高能够保证储蓄转化为投资，但从另一个方面来说，也会加大银行的压力，银行如果不能有效地运用这些储蓄资金，就会增加银行的经营成本。在中国金融市场上，银行主要是将储蓄存款转化为贷款来消化这些资金，其他投资渠道比较狭窄。在这种情况下，银行为了追求高利润就会盲目追求发放贷款的规模，容易忽视贷款的质量，这样就会增加银行的不良贷款。高储蓄率促成了以银行贷款为主要融资渠道的融资方式，这种方式隐藏着内在的不稳定性。高负债、低资金成本是银行的资金特征，如果银行贷款出现问题，不仅会导致银行资产负债表的恶化，还有可能引起金融危机。

(2) 国际收支

从中国国际收支平衡表上看，中国金融项目下的外汇储备基本上是靠负债类项目获得增长的，这说明中国在调节国际收支时处于被动地位，调整国际收支的压力比较大。从理论上说，如果一个国家金融项目下的外汇储备靠资产类项目获得增长，那么这个国家就能够获得调整的主动性。大规模的国外直接投资进入国内，增加了外汇储备。国外直接投资通过进出口渠道使利润和资金流出，给外汇储备的管理增加了压力，增加了金融风险；短期资本和热钱的快速流动也增加了外汇储备的风险。另外，国际收支持续顺差削弱了货币政策的执行力度和货币政策的独立性。近年来中国经济发展势头较好，人民币汇率较为稳定，持续增长的外汇储备虽然增加了中国的国际清偿能力，但是在目前的外汇体制下，中国在维持国际收支平衡和人民币汇率市场出清方面处于被动地位。这反映了中国的综合国力、人民币汇率的预期变动、国内的投资环境。在中国人民银行资产负债表中，外汇占款一直在增加，这是一种货币当局被动增加货币供应的现象。外汇增加，相当于增加了基础货币量，将形成通胀压力，对宏观经济政策稳定物价的目标造成冲击，影响到宏观经济金融的稳定。

当前人民币在资本项目下是限制兑换，如果资本项目完全放开，将会使外国资本大量流入国内，在中国还缺乏完善的监管机制和风险预警控制机制的情况下，会使大量资金流入房地产市场、证券市场等，产生经济泡沫，增加通货膨胀压力，造成过度贷款的现象。当外国投资人不看好国内的经济发展时，他们会撤出资金，大量资金又会流出国内市场，对银行的流动性造成冲击。资金出逃会给银行体系带来系统性风险，使整个金融体系陷入危机。当然，人民币资本项目自由兑换只是时间问题，在资本项目完全放开之前，中国必须建立起完善的监管机制和风险预警控制机制。

(3) 房地产价格波动影响金融稳定的机制

由于房地产既是实物资产，又是金融资产，因此房地产价格的波动，不仅会影响实体经济，也会影响金融经济，继而影响到金融的稳定。房地产价格波动通过影响宏观和微观经济环境，对实体经济产生作用，间接对金融稳定产生作用；房地产价格波动也会以银行系统为媒介，直接对金融稳定产生影响。

一是财富效应渠道。《新帕尔格雷夫经济学大词典》对财富效应的解释为，当其他条件都相同时，人们手里货币余额的变动，将会引起其总消费支出上的变化。这表明社会公众的消费不仅取决于当期收入，还会受到实际货币存量的影响。当实际货币存量有变动时，会导致社会公众拥有的财富产生变动，进而使得人们的购买愿望发生改变，最终影响到总需求的变动。财富效应渠道，通过对社会公众的消费需求和支出产生作用，进而影响到宏观经济。当房价变动时，消费者的财富发生变动，可能是因为持有房地产，也可能是因为在房地产市场投资中获了利。消费者财富的变化，一方面可能使得他们调整自己的当期消费支出，比如加大当期消费支出；另一方面也可能会使得他们以增加了的财富作为抵押，申请金融机构贷款，继而获得超前消费的能力，此时，房地产价格波动的风险也相应进行了转移，发放贷款的金融机构承担了风险。社会公众消费支出的改变，影响了整个市场需求，进而影响了宏观经济，这又会对金融体系的稳定产生影响。

二是托宾 q 效应渠道。托宾 q 效应理论，即基于含有调整成本形式的新古典投资模型，去建造一种新形式的新古典投资理论。该理论的假设是，企业管理者追求的目标是实现企业净现值和股票资产价值的最大化，因而企业是否实施一项投资决策，取决于该项投资是否会有利于增大企业股票资产价值。依据这个理论，如果相比于房产建造成本，房价收益要超出许多，代表着此时的托宾 q 值远大于 1，房地产行业便会新增开发投资，致使房地产供给的增大。这种投资支出的增加，使得社会总需求膨胀，进一步对金融稳定造成影响。

三是资源配置效应渠道。由于资本追逐利润，如果房地产价格过度上涨，受市场较高的投资回报率吸引，大量社会资金便会涌入房地产行业。过多资金聚集在房地产行业，对其他行业的投资产生了挤占，其他产业部门将因为投资资金的减少而出现衰退，社会资源出现错配。房地产业过多的资金又助推了房价继续上涨，甚至产生泡沫。此时，虽然从名义上看社会财富总体快速上涨，但实际上生产部门的产值却增长缓慢甚至有所下降。实体经济发展的不平衡，影响宏观经济的稳定，进而影响金融稳定。

四是顺周期效应渠道。顺周期效应渠道，也被称为助涨助跌效应渠道。一方面，本已繁荣的宏观经济会因房价上涨的推动变得更加繁荣，甚至形成泡沫；另一方面，本已萧条的经济会在房价下跌的助推下变得更加萧条，还可能出现经济衰退或者经济危机，进而影响金融稳定。由于房地产业与许多产业关联度很高，比如建材、金融等实体和虚拟经济部门，因此，如果房地产供给增加，与之相关联的行业也会随之扩张。具体地说，当经济繁荣时，房地产价格上涨，与房地产相关联的行业的资产价值也可能会被高估，致使社会消费和投资需求上升；企业融资成本会因为自身价值的上升而降低；金融机构信贷资产的价值也随之上升，总体信贷规模加大；货币供给量增加，导致市场利率下降，投资增加，推动房价继续爬升，市场更加繁荣。如同这般循环往复，最终可能产生泡沫经济，进而影响金融体系稳定。

在直接渠道方面，房地产价格波动一般通过银行体系对金融稳定产生直接影响，具体渠道如银行信贷供求渠道、资产负债表效应渠道、影子银行渠道等。

一是银行信贷供求渠道。当房地产价格上升时，房地产业繁荣，银行对房地产业的信贷支持力度也随之加大，比如扩张住房抵押类贷款和房地产开发类贷款的规模。此时，一方面，随着房地产企业和居民负债的增多，他们违约的概率就会增大，银行体系的风险就会累积，为整体金融稳定留下隐患；另一方面，由于房地产类贷款的期限相对比较长，很容易造成银行业资金期限出现错配，不利于银行的流动性，造成银行体系的不稳定，进而影响金融稳定。同时，因为资金在银行信贷市场上的流动性较强，加大了其在其他金融市场上的波动与活跃性，对金融稳定产生影响。

二是资产负债表效应渠道。商业银行资金的来源及其运用情况，可以通过它的资产负债表来反映。其中，银行的存款业务和同业拆借业务等，是商业银行的主要资金来源，也是商业银行的负债；商业银行对资金的运用，也就是对其资产的运用，主要包括贷款、债券投资和现金业务等。如果房价出现持续上涨，投资于房地产的丰厚利润会吸引更多的企业和家庭投入进来，商业银行的借贷需求必然随之增大；商业银行也想分一杯羹，愿意加大对此类贷款的发放；二者共同推动房价继续上升。但是，这一过程的持续，必将吹大房地产泡沫，如果房价与其基本价值严重脱节，泡沫就有破裂危险。在这种情况下，企业与家庭的资产负债状况就会迅速恶化。因为房地产贷款数额一般较高，在银行信贷中占有很大比重，银行系统的稳定就会出现很大风险。而如果房价持续下降，则会导致一些商业银行、企业和家庭的破产，同时可能引发社会恐慌，导致储户去银行挤兑，银行资金的流动性将难以为继，破坏原本稳定的银行乃至金融系统。

三是影子银行渠道。因为不容易监管、杠杆率较高的特点，影子银行业务有着较大风险，这一渠道可能对金融稳定有着不利的影响。比如，在房价上涨时，房地产企业因从银行筹资受限，便会转至影子银行渠道获取投资资金，如果此时监管缺位，这一渠道的高风险性便会威胁到金融的稳定状况。

9 维护中国金融稳定的对策

当前中国的金融体系正面临着国内和国外的双重压力。国内经济金融改革继续深化，在前期的改革过程中积累了大量的问题和矛盾，并存在隐蔽的风险，都需要进行深入的分析和解决。国际金融市场和国内金融市场的联系更加紧密，金融危机在中国的传导机制更加清晰，国际金融危机已经成为影响中国金融稳定的重要因素。面对双重压力，需要找出相关的对策，以提高对中国金融稳定性的评估水平，并加强中国金融稳定。

9.1 优化金融结构

9.1.1 平衡城乡和区域金融结构

从中国的金融发展现状可以看出，城乡金融结构长期存在，导致区域之间金融机构严重失衡。农村金融供给不足，金融服务功能不健全，金融服务效率低，严重制约了农村经济的发展；大量资金和劳动力流向城市，引发了城市发展中金融服务体系的更多问题。同样地，东部沿海地区金融资源比较充裕，而中西部欠发达地区金融资源明显不足。

这两个二元结构已经阻碍了中国经济的均衡发展。经济的发展离不开金融支持，金融结构失衡会造成经济发展的不平衡。这种二元结构现象是市场自然发展的结果，单纯依靠市场的力量只会使这种现象更为严重，只有国家运用相关政策进行干预和调控才能改变这种结构。最重要的政策是促进农村金融的发展，建立健全农村金融体系，使农村金融制度发挥其应有的功能。例如，大力发展农村的中小型金融机构和小型担保融资公司等，为农村经济的发展提供大力支持，为农业的发展提供充足的资金支持和帮助，在不违反市场经济规则和不破坏市场竞争秩序的原则下制定倾斜性的金融和经济发展政策，通过政策扶持，促进资金在农村金融市场的流动，推动农村金融市场、农村金融和农村经济良性循环的形成。

9.1.2 改善融资结构

要合理配置金融资源、提高金融资源的使用效率，改善融资结构是最重要的手段之一。我国直接融资和间接融资两种融资结构发展不平衡，间接融资占主导地位，因此，银行业和非银行金融机构的发展就不均衡。银行业的发展快于非银行业金融机构的发展，影响了金融资源的配置效果。中国的资本市场虽然进步了很多，但仍不能满足更高层次的需求。和发达国家如美国、日本相比，中国直接融资的比例要低得多，美国的直接融资比例已经达到了70%，而中国目前这一比例还处在10%~15%。

因此，中国要尽快采取措施来发展资本市场，增加直接融资的比例，发挥直接融资的优势。一方面，要形成多层次的资本市场，不仅为大型企业的发展提供投融资渠道，更要为中小微企业的发展提供充足的资金来源。另一方面，要促进金融创新，推动金融衍生工具的发展，发展和完善期货市场、票据市场，拓宽投融资渠道。

9.1.3 促进货币市场和资本市场协调发展

货币市场和资本市场之间的联系非常紧密，两者最根本的区别就是产品期限的区别，这两个市场之间资金的自由流动对于金融发展是至关重要的，资金在这两个市场中的分配也体现了不同金融机构对金融资源的竞争程度。发达的资本主义国家为了争夺金融资源，都在消除两个市场中限制资金流动的条件，推动两个市场的协调发展。

中国货币市场和资本市场发展的不协调在一定程度上限制了金融市场发展的步伐，所以要适应金融全球化的发展趋势、满足经济发展的需要，就要解决这两个市场之间的不协调发展问题。

首先，要大力发展货币市场。中国的货币市场品种单一，严重落后于资本市场的发展，所以要加快发展和完善货币市场。可以减少货币市场的准入限制，允许更多的金融机构参与货币市场，扩大货币市场规模。丰富和发展货币市场的产品品种。可以让商业银行发行短期债券，让债券二级市场活跃起来；对于同业拆借市场，适当放宽拆借条件的限制，让更多的金融机构参与进来。鼓励金融创新，尤其是在整个货币市场的金融衍生产品和资本市场之间调整余缺。

其次，要进一步完善资本市场。资本市场机构的优化能够在股票市场和债券市场之间保持协调，消除对公司债券市场的阻碍，提供一个完美的平台，鼓励各类基金如养老基金、保险基金等参与资本市场，丰富投资者的种类，扩大投资者的范围。目前，中国虽然已经推出股指期货、融资融券业务，但是发展不尽如人意。虽然交易产品有所丰富，但是进入门槛较高，大多数的机构投资者参与度不高。要继续开发更多的金融品种，满足不同的交易需求，让更多的个人投资者和机构投资者进入资本市场，完善产品结构。

最后，要加强货币市场和资本市场之间的联系。中国的金融业是分业经营，监管模式也是分业监管，而世界上大多数国家都是混业经营、统一监管。随着交叉金融产品和跨领域、跨部门、跨市场的金融产品越来越多，混业经营是一种发展趋势，中国也不例外。今后中国金融业应该逐步从分业经营转变为混业经营，这也对金融监管提出了挑战。另外，中国的金融业要想与国际金融的发展相协调和竞争，就要加快步伐向现代金融业转变，通过混业经营扩大发展规模，形成规模经营优势，提高资源配置效率。减少货币市场与资本市场之间资金流动的障碍和限制条件，提高各类金融机构和金融产品的竞争力。在两个市场原有产品的基础上进行优化和延伸，整合货币市场和资本市场的业务，实现综合业务上的创新。

9.2 深化金融改革，提升金融业服务能力

9.2.1 银行业

中国银行业应顺应国内外金融环境的变化，继续坚持改革、开放和发展，应对各种风险和挑战，增强服务实体经济的能力，并构建合理、高效、稳健、安全的现代金融体系。

银行业最重要的功能是支持实体经济发展，要最大力度支持经济结构调整和经济发展方式转变。银行业金融机构要合理把握信贷规模，优化信贷投放结构，加大对重点领域和薄弱环节的支持力度，提高信贷资金的使用质量和使用效率。积极支持新型城镇化建设，提升“三农”的服务力度和服务质量，促进农村金融系统的完善并与城市金融系统相互补充、相互支持，构建多层次、多元化和适度竞争的农村金融服务系统。积极解决小微企业的融资困难问题，针对小微企业进行金融创新并提供有针对性的金融产品和信贷

模式。

深化银行业改革，积极引导各类资金和资本参与银行业金融机构的发展，构建多元化的银行业组织体系。中国农业银行要深化“三农”金融事业部的改革，为“三农”事业提供雄厚的资金支持，继续坚持国家开发银行的商业化改革。中国进出口银行和中国农业发展银行要积极研究和探讨对策进行改革，形成商业银行和政策性银行良性互补、合理分工、共同发展的格局。资产管理公司要加快商业化转型的步伐。农村信用社要明确改革的思路和方向，引导和鼓励各类民间资本积极参与农村信用社的改革。大力发展中小型金融机构并开发小型社区类金融机构，发挥各自优势，为小微企业提供专业的金融服务。适当放宽银行业的准入限制条件，引导民间资本进入银行业，构建新型银行业金融机构，对现有机构进行调整和改革，建立多元化的金融组织体系。建立合理、科学的银行业公司治理结构，提高经营能力。

银行业金融机构要防范重点领域的风险，妥善应对各种风险。银行业一方面要支持社会的融资需求，另一方面要加强对重点领域、行业和地区风险的预防和控制，避免对某些行业投入过度，产生产能过剩的行业风险。尤其是在房地产行业方面，要认真执行国家的房地产调控政策，贯彻落实差异化的房贷需求，对房地产信贷和其他形式的融资风险进行严格监管。积极妥善地应对地方政府融资平台的贷款风险，坚持总量控制、分类管理、区别对待、逐步化解的政策方向。另外，对于相互拖欠和相互担保的企业要加强风险控制，如果情况严重要妥善化解此类风险，防止资金链断裂，影响企业的发展。提高资产质量，加大力度来化解存量不良贷款。

对表外业务进行严格监控，防范风险的传染。对于金融系统的价差和产品要完善监测制度，对表外业务的确认、计量、报告和披露的每一个环节都要严格监管，确保表外业务的真实、准确和完整。表外业务的管理办法和操作流程要形成完善的制度，加大内部控制和约束机制建设，严格审查资金用途，建立风险的防火墙，以免将表外业务的风险转移到表内，建立风险代偿机制，设立风险应急方案和预防方案。与集团客户和关联性强的企业客户有关的信贷政策要更严格执行并严格管理，防范关联交易风险。加强监管政策的协调合作，明确各方的监管责任，强化对表外业务信息的共享。

借鉴国际银行业监管改革政策，进一步完善中国的监管制度。改变和完善监管理念，结合国际银行业监管的成果，完善中国监管的制度和方式，提供监管的有效性，形成健全的审慎监管体系。银行业监管框架的构建不仅要与国际标准接轨，还要结合中国银行业改革发展的实际情况，引导商业银行实施资本监管的新标准，制定逆经济周期资本缓冲措施，建立更加有效的资本约束机制。对商业银行的流动性管理，除了进行定量计算和定量分析外，还要完善管理框架。对国内系统性重要金融机构要加强监管，实施完善的评估方法、监管制度和有效处理机制。完善银行业的退出机制，对濒临破产的银行开展可处置评估，实施处置计划或者实行引导退出。

积极推进金融创新，转变金融业的发展方式。逐步推广金融业综合经营试点，改变银行业资本消耗型经营模式，注重发展资本节约型业务，加大支持实体经济发展的金融产品和金融服务的创新力度，发展资产证券化、新型资本工具等，优化银行的资产负债结构和收入结构。积极探索民间资本进入银行业的方式和进入程序，设立新型的银行业金融机构，提高银行业的国内和国际竞争力。

9.2.2 证券期货业

证券期货业应推进各项改革，完善市场体系，提高其服务资本市场和实体经济的能力，强化监管，提升上市公司和证券期货中介机构的发展能力，保护投资者的合法权益，提高抵御系统性风险和区域性风险的能力。

建立和完善多层次资本市场体系，强化服务实体经济的功能和力量。在完善主板市场、中小企业板市场和创业板市场的基础上，建立新四板市场，即区域性股权交易市场。放宽创业板市场的准入限制，扩大试点范围，允许更多优良的中小企业到三板市场挂牌交易，建立创业板再融资规则体系。通过对融资方式和交易机制的创新，提升市场的融资便利程度和定价效率，为中小企业提供更完善的融资平台。进一步明确新板市场的地位和作用，推动三板市场和四板市场协调发展，为不同规模、不同类型、不同成长阶段的企业提供不同的服务，合理分配上市资源。

加强证券期货市场的执法力度，优化监管体制。坚决查处并严厉惩罚内幕交易、市场操作、欺诈上市、虚假披露等违法违规行为，建立与证券期货市场执法行为配套的措施和政策。对市场中的交易进行记录和追踪，对异常交易案例要建立案件线索发现系统，建立信息共享机制。完善资本市场的会计监管体系，逐步强化审计和评估中介机构的现场检查，严厉惩处会计师事务所中介评估机构的违规行为。对检查和审核进行严格的分离，对违反规定的行为要进行行政处罚。对资本市场的执法评估工作要全面，建立完善的违规行政的监督和问责机制。

促进业务创新，推动证券期货中介机构多元化发展。在切实防范风险的前提下，鼓励证券期货中介机构多元化、差异化和专业化经营，开发业务创新、品种创新和管理创新。鼓励证券公司开展资产管理、柜台交易、投资和资产证券化业务，拓宽业务范围。在期货公司试点开展资产管理业务和投资咨询业务，并推进期货产品，如原油期货、国债期货、商品指数期货和期权期货等产品的创新和发展。鼓励基金管理公司拓展业务范围，创新管理，加速发展，以满足市场需求。

完善投资者保护机制。完善上市公司的信息披露制度，提高上市公司的管理水平和透明度，对上市公司信息披露的真实性、准确性和及时性进行严格的监管。推动上市公司并购和重组方式的多样化和创新，通过创新并购债券、并购基金、过桥贷款等方式促进产业优化升级。对于新股的发行，要弱化行政审批，加强资本约束、市场约束和诚信约束。引导上市公司增加现金分红，完善上市公司的投资者回报机制。我国虽然建立了证券市场退市制度，但退市标准单一、程序冗长，经营不善的上市公司往往通过各种手段规避退市，"退市难"现象突出。上市公司"停而不退"引发了"壳资源"的炒作，相关的内幕交易和市场操纵行为也随之发生。上市公司退市工作牵涉众多投资者的直接利益，需要妥善处理各方关系，确保市场健康平稳运行。应坚持优胜劣汰的市场竞争原则，完善退市制度，提高上市公司的质量。

加快证券期货市场的对外开放步伐，提高国际竞争力。在完善合格境内机构投资者制度的基础上，扩大合格境外机构投资者的额度，降低合格境外机构投资者的投资门槛，增加投资便利性，同时对境外机构投资者加强监管和审核。支持跨境开放式基金产品和跨境债券市场的发展，积极探索香港、台湾和内地（大陆）产品合作的新形式，推动人民币境外债券市场的发展。积极引导境外投资者和境内投资者共同参与境内金属期货、原油期货和金融期货市场的建设，并推进期货公司境外期货经济业务试点。适当放宽外资的市场准入条件，提高外资持股上限的规定，并拓宽外资可进入的业务范围，对香港、澳门和台湾的金融机构优先进行试点试验。对于符合境外上市条件的境内证券期货经营机构，鼓励其"走出去"在境外上市。

9.2.3 保险业

中国的保险业发展不快，与发达国家还有一定的差距，但是在中国全面深化改革开放的形势下有巨大的发展机遇。中国保险业的保险密度和保险深度与世界平均水平差距较大，在目前国内外经济金融的复杂形势下，保险业的发展也面临很多挑战。保险业的发展要充分抓住目前的有利时机，加快转变发展方式，提高行业竞争力。

加快行业转变方式，调整业务结构，拓宽保险市场范围。保险业是经济社会发展的助推器和稳定器，要强化长期经营意识，坚持规模与效益并重的原则，增加保险机构的主动参与性和积极创造性，推动发展方式的转变和业务结构的调整，结合现状走出一条有特色的发展道路，以风险保障为主要目标不断丰富保险产品和保险业务，提升产品创造力，拓宽业务范围，扩大保险的覆盖面。大力发展个人寿险，健康保险，企业年金业务，与住房、汽车消费有关的业务，以及与公众利益密切相关的环境污染、公共安全和其他责任险的保险业务，均衡发展寿险和非寿险业务。在农业保险和大病医疗保险方面争取获得立法、税务和财政政策方面的支持，建立巨灾保险体系，完善巨灾风险的分散、转移和补偿机制。

深化保险业改革和创新，提高行业竞争力。完善保险公司的治理和内部控制建设，制定科学合理的激励约束机制，推进保险机构的改革，增强保险公司的资本和资金实力，为保险偿付和支出提供保障。鼓励符合条件的保险公司通过上市、增值扩股、发行次级债券等方式补充资本，增强资金实力。推进重点业务领域的改革，针对商业车险费率进行合理的改革，为寿险产品制定合理的定价机制，形成更为合理的保险市场价格。推进保险营销管理体制的改革，建立从业人员的分级分类管理制度，并推动保险与银行的合作，通过多种渠道和多种方式来销售保险产品，拓宽保险市场范围。另外，保险业在风险管理和资产负债管理功能上具有相当的优势，要充分发挥其功能，提升保险业在国民经济中的地位。

抓住有利的发展机会，提高保险资金的运用效率。银保监会发布了一些关于保险资金运用的新规定，扩大了保险公司的投资范围并丰富了保险公司的投资工具。保险公司要抓住这个有利时机，改进资金运作的方式和技术，选择灵活的投资组合，根据宏观经济政策的调整和市场状况的变化建立产品开发和投资运作的协调机制，强化资产和负债的管理。开发新的产品来弥补资产和负债期限错配的问题，熨平经济波动对保险公司资产负债的影响，提高资金运用效率。保险公司存在的目的就是处理风险，要加强对各种风险的识别、分析、计量和预测能力，采用专业技术和专业人才防范操作风险，提升风险管理水平，在承担风险的同时防范投资风险。

规范市场秩序，加大消费者权益保护力度。对保险市场中非理性竞争、扰乱市场秩序的违法违规行为加强监管，对虚假手续费、虚假理赔的行为严厉查处。完善农业保险、车险等重点领域的现场检查和监管制度，对重点公司增加现场检查和非现场检查的频率并扩大检查的范围。建立完善的责任追究机制，对出现的问题要追究相关人员的责任并加大处罚力度，设立规范的标准进行严惩。为保险公司制定严格的服务标准，提高其服务质量和水平，促进保险公司经营的标准化和保险产品的标准化。整顿治理销售方面存在的误导情况，综合治理“理赔难”的情况。严格审核和管理投保资料，为保险纠纷提供依据，建立完善的纠纷调解和处理机制。大力开展保险知识普及宣传和教育活动，培养消费者的保险意识，使广大消费者增加对保险产品的了解。

积极参与国际保险业监管改革，完善中国保险业的监管体系。2008 年国际金融危机以来，国际保险业提高了偿付能力，国际保险集团和全球系统重要性保险机构积极开展了监管改革。结合中国当前保险业的发展，我国保险业应积极参与国际保险监管改革，进一步加强偿付能力监管，提高行业防范风险的能力，建设中国第二代偿付能力监管制度体系，形成一个既与国际保险业监管制度接轨，又与中国保险业发展阶段相适应的偿付能力监管制度，推动各类保险公司和保险机构建立全面的风险管理制度，提高行业风险管理水平和资本管理水平。第二代偿付能力监管制度的整体框架由制度特征、监管要素和监管基础三个方面组成。在制度特征方面，强调统一的监管模式，充分考虑新兴市场特征，一方面要强化风险防范，另一方面要避免给保险公司造成资本负担，关注公司价值的增长，提高行业竞争力。定量资本要求、定性监管要求、市场约束机制是监管要素的三大支柱。定量资本要求用定量指标标准来检测和防范保险风险、信用风险、市场风险等可量化的风险，并要求保险公司的资本量与其风险和业务规模相适应。定性监管要求主要通过监管分析和检查、保险公司内部风险管理要求和规定、偿付能力综合评价、相关监管措施、追加资本要求等方式防范不可量化的风险。市场约束机制通过市场的力量，即利用信息披露这个手段来对保险公司形成无形的约束，强化保险公司的偿付能力。保险公司要建立起完备的内部偿付能力管理制度，并将其与组织框架、决策程序和经营管理各环节有机组合在一起，形成一个有效的监管基础。加强对保险公司和保险集团的监管并加强信息披露制度的执行，健全市场准入和退出机制。改进和完善对保险公司的压力测试，将经济增长情况、通货膨胀率变动情况等宏观经济变动情况加入对保险业的测试中，使测试结果更准确。加强风险的监测和预警，建立保险业应急预案制度和风险处置救助机制，加强与其他部门和其他国家的监管协调和合作。

进一步完善保险业资本监管体系。提供风险保障是保险业的立业之本，保护公众利益、确保市场公平和维护行业稳定是监管部门的根本目标。要坚持"保险姓保，监管姓监"的正确方向，尤其要发挥资本和股权监管的引导作用，促使保险业回归本源，发挥其长期稳健风险管理和保障的功能。修订偿付能力监管规则，提升资本约束。完善风险资本要求等监管规则，对现有标准进行全面校准，提高风险计量的科学性和风险管理的有效性；完善风险综合评级和偿付能力风险管理要求与评估制度，提高其可靠性，通过提高资本要求的方式约束保险公司的高风险经营行为。加强监管执法力度，及时处置和化解风险。强化对重点公司、重点业务的监管，对保险机构股东入股资金来源进行核查，确保资金真实、自有、合法。对于虚假注资甚至用保费进行注资等违法行为，严肃追究相关机构及责任人的责任，整顿市场秩序，涉及犯罪的移送司法机关处理。对偿付能力不足的公司采取有针对性的措施，包括停止机构批设、停止新业务等，必要时对严重资不抵债的公司实施市场退出。

9.2.4 金融市场

对金融市场的管理，坚持市场化的取向，推动金融市场规范发展，形成一个品种丰富、运作高效、功能齐全、能充分适应中国经济发展需要的金融市场系统。

积极扩大债券市场，使其获得充分发展的动力。大力发展债券市场，积极推动金融创新，有利于优化融资结构，支持城镇化及重点行业和领域建设，解决中小企业融资难问题，对服务实体经济具有积极的推动作用。扩大债券市场的规模，促进债券产品的创新。完善债券市场的基础设施建设，为债券市场功能的发挥提供更好的条件。坚持市场化的改革方向，强化市场约束，制定合理的债券评级标准和指标，建立社会企业的信用体系，强化信息披露要求，提高市场运行透明度，加强风险分担机制建设，为债券市场发展营造良好的制度环境。

规范股票市场的发展，完善股票市场。主板市场和中小板市场的发展趋于规范化，为中小企业的发展提供动力。通过推进创业板市场的建设来支持创新型经济的发展。对于非上市公司的股份转让，建立统一监管的新四板市场，并完善各个层次市场之间的转换机制。对股票发行制度进行市场化改革，减少行政审批和审核，健全退市制度，对存在退市风险的上市公司进行积极引导和处置。完善上市公司的再融资制度和投资者回报机制，并积极探索国际板市场，鼓励符合条件的公司在境外市场上市。

继续发展货币市场、外汇市场和黄金市场。推动货币市场和资本市场的协调发展，增强资金在货币市场和资本市场的流动，增强货币市场和资本市场的联动性，丰富货币市场品种，加快产品创新，完善货币市场的流动性管理制度。对于外汇市场的发展，不仅要完善交易机制，还要提供丰富的外汇产品。近年来，黄金市场价格波动幅度较大，黄金市场的投资者向多元化方向发展，要促使黄金市场规范发展，完善黄金市场储存、运输、交割制度，改进黄金市场服务体系。

9.2.5 金融基础设施建设

对于支付体系、清算体系、结算体系的发展，应按照《关于中国支付体系发展的指导意见（2011—2015）》的规定，提高金融市场基础设施和零售支付服务市场的安全性和服务效率。对于支付系统，要做好推出第二代支付系统的准备工作，组织跨境银行间支付系统的建设，维护整个支付系统稳定安全地运行。应继续规范和促进各种支付服务，创新支付工具，并加强对非现金支付工具的风险的管理与控制。规范管理支付服务市场，做好刷卡手续费标准调整的指导工作和实施工作，探索各类能有效监管创新支付业务的监管模式。加强农村支付服务环境的建设，对农村支付体系进行合理的规划，提高村镇支付服务的覆盖率。加强国内和国外支付体系的交流与合作。

完善金融法规法律体系，加强金融立法工作，为金融业深化改革提供法律依据和法律支持。积极研究存款保险条例、银行业金融机构破产条例、证券投资者保护基金条例等。

完善中国的会计准则和会计标准，为金融领域会计的改革和发展提供基础，使中国的企业会计准则与国际财务报告准则保持一致，促进中国与其他国家的经贸往来和资本流动。配合金融市场发展，推动小企业会计准则等一系列会计制度的实施。对于中央企业和主板上市公司，严格按照发布的规范和要求建立有效的内部控制体系，规范会计信息化的流程和制度。推动银行金融机构使用企业会计准则通用分类标准，扩大该标准的实施范围。密切关注国际财务报告准则的变动，积极参与国际准则的制定和修订，使国内准则与国际准则保持趋同，大力开展会计方面的对外交流和合作活动。

构建审慎的社会信用体系，全力贯彻《征信业管理条例》，为金融系统的运行创造一个良好的信用环境。分步骤、分阶段推进征信业标准建设，全面管理征信机构，包括设立条件、信息采集及其使用方式与范围、内控制度、从业人员素质要求等。采用现场和非现场检查方法对商业银行信贷业务进行有效监管。严厉查处泄露个人信息的行为，严格征信机构和商业银行信用信息管理。建立全国性的征信调查市场，推进各类征信业务。建立金融业统一征信平台，完善金融信用信息数据。推动信用评级行业的发展。中国信用评价业整体实力仍然薄弱，与国际知名信用评级机构相比，在数据积累、评级技术、公信力等方面存在较大差距。中国必须吸取金融危机的教训，借鉴国际信用评级业务改革的经验，加强对信用评级机构的独立性、透明度和质量的评定，提升其服务能力和竞争力；完善信用评级机构的准入和退出机制，制定规范的行业标准、业务监管制度。强化市场纪律和市场约束机制，引导市场参与主体客观看待评级机构的作用，减少对外部信用评级的过度依赖，推动大型金融机构建立内部信用评级体系，与外部评级相结合；加强对信用评级业的监管，促使其提高评级质量和服务水平。积极稳妥推进中小企业和农村信用体系的建设。完善对基层信用环境建设的考核制度。推广机构信用代码的应用，扩大应用范围，推进机构经济身份证的制度建设。推进征信教育和宣传活动，建设征信文化体系。

根据当前国际社会最权威的反洗钱和反恐怖融资专业性组织的建议和规定，提高中国反洗钱体系的有效性。参照国际标准，建立反洗钱风险预警机制，完善现有的反洗钱风险的法律制度。制定国家反洗钱战略，对洗钱风险进行评估，提高反洗钱调查效率，加强反洗钱的国际合作，逐步完善和修订现有的反洗钱规章。

开启金融信息化高质量发展新征程。习近平总书记深刻指出，“没有信息化就没有现代化”。金融业要认真贯彻落实党中央、国务院决策部署，紧密围绕服务构建以国内大循环为主体、国内国际双循环相互促进的新发展格局，齐心协力绘制“基础设施更先进、金融服务更普惠、核心技术更可控、网络安全更可靠、科技治理更现代”的金融信息化新蓝图，推动金融信息化工作加速迈向全面互联、协同创新的新阶段，为经济社会高质量发展贡献力量。习近平总书记强调，要加快新型基础设施建设。金融业应以新发展理念为引领、以技术创新为驱动、以新型网络为基础，统筹构建先进可靠、富有弹性的金融数字基础设施体系。

9.3 完善宏观审慎管理，加强金融监管

9.3.1 建立系统重要性金融机构监管体制

2008年，全球遭遇了自“大萧条”以来最为严重的金融与经济危机。这是在金融领域去监管化和自由化背景下，长期积累的金融风险的总爆发。危机中，贝尔斯登、雷曼兄弟公司、美国国际集团（AIG）、花旗集团等大型金融机构纷纷陷入困境甚至破产，重创了全球金融体系，加剧了金融危机的恶化和蔓延，并导致欧洲部分国家因救助成本巨大而加重主权债务危机。危机集中暴露出当时金融监管体系的主要弱点和缺陷，即缺乏对系统性风险的有效防范，对大型复杂金融机构监管不力，“大而不能倒”问题突出，对消费者和投资者保护不足，对规模巨大的场外衍生品市场和影子银行体系缺乏监管，等等。其中，具有系统重要性的大型复杂金融机构监管制度不健全的问题尤其突出，亟须出台相应制度安排。

系统重要性金融机构经营失败导致危机迅速蔓延，破坏性强。系统重要性金融机构在金融体系中居于重要地位，承担关键功能，一旦发生重大风险，将对金融体系和经济活动造成较大破坏。其一，交易对手面临信用风险，可能直接遭受重大损失。其二，系统重要性金融机构作为许多机构的主要经纪人，其倒闭将使这些机构不能正常开展业务。其三，系统重要性金融机构被迫出售资产偿还债务，可能引发大范围的资产价格重估，形成“止损—卖出—再止损—再卖出”的恶性循环，加剧金融市场波动，引发系统性风险。

系统重要性金融机构规模巨大，结构复杂，处置难度高。以雷曼兄弟公司破产为例，该公司在全球的债权人共提出涉及1.2万亿美元的债权主张，其中仅金融衍生品合约就涉及6000个交易对手及90万份交易合约的处置。雷曼兄弟公司破产后，各衍生品交易对手方面临提前终止合约、延迟终止合约等多项选择，且需同时处置合约所涉及的担保品（主要为证券类资

产），对金融市场造成极大压力，导致风险在金融体系内加速传染。由于雷曼兄弟公司母公司不能提供日常资金支持，其在全球 21 个国家的 209 家子公司也只能纷纷向经营所在地的法院申请破产。

系统重要性金融机构救助成本高，增加了财政负担。考虑到系统重要性金融机构经营失败带来的巨大负外部性，政府往往不得不花费高昂的成本进行救助，以避免对金融体系和实体经济造成更大冲击。2008 年国际金融危机中，美联储和美国财政部共向 AIG 注入 1800 亿美元资金，才避免其陷入破产；欧盟委员会先后批准英国、法国、德国、西班牙、荷兰和奥地利等 10 个成员国提出的救助计划，总额超过 1.5 万亿欧元。高昂的救助成本不仅损害了纳税人的利益，也加大了国家财政风险，如欧洲部分国家的主权债务危机因此进一步加重。

系统重要性金融机构存在“大而不能倒”的道德风险。由于对金融稳定影响巨大，系统重要性金融机构形成政府不会任其倒闭的预期，进而采取更加激进的经营方式，存在过度使用杠杆、大量开展金融衍生品交易等高风险业务，以及金融机构高管享受超额薪酬等问题，道德风险高企。

9.3.1.1 系统重要性金融机构监管的国际经验

（1）系统重要性金融机构的评估

全球系统重要性银行（G-SIBs）：2011 年，巴塞尔银行监管委员会（BCBS）首次提出 G-SIBs 评估方法及标准，并于 2013 年进行了修订完善。评估方法将总资产全球排名前 75 位的（或曾被认定为 G-SIBs 的）银行纳入评估样本，各成员经济体也可使用监管判断主动将管辖范围内的其他机构纳入评估样本。以定量指标和定性判断相结合的方法评估系统重要性，定量指标包括全球活跃度、规模、关联性、可替代性和复杂性五大类，成员经济体监管部门可以通过定量和定性信息对各银行的系统重要性进行调整，最终得出评估结果，经金融稳定理事会（FSB）批准后确定 G-SIBs 名单。评估工作每年进行一次，并更新 G-SIBs 名单。

全球系统重要性保险机构（G-SIIs）：2013 年，国际保险监督官协会（IAIS）发布了 G-SIIs 评估方法和政策措施，并于 2016 年更新了评估方法。评估样本为总资产超过 600 亿美元且在母国以外的保费收入超过总保费收入的 5%，或总资产超过 2000 亿美元且在母国以外有保费收入的保险机构，但 IAIS 和各成员经济体也可使用监管判断主动将管辖范围内的其他机构纳入评估样本。与 G-SIBs 的评估方法相似，G-SIIs 评估方法也将定量与定性评估相结合，定量指标包括规模、全球活跃度、关联性、资产变现、可替代性五大类。根据定量指标计算系统重要性得分并确定得分阈值后，IAIS 综合考虑其他定量和定性信息，对得分超过阈值的保险机构进行进一步评估，经与相关监管部门沟通并得到 FSB 批准后，确定 G-SIIs 名单。G-SIIs 评估工作每年进行一次。

美国：美国的系统重要性机构包括大型银行控股公司（BHC）、外国银行组织在美国的大型分支机构（FBO），以及具有系统重要性的金融市场基础设施（FMU）和非银行金融公司（NFC）。其中，前两类由美联储评估认定，后两类由金融稳定监督委员会（FSOC）评估认定，评估方法也综合运用了定量指标和定性分析。

欧盟：2013 年 10 月，为增强监管协调性，防止监管套利，欧盟设立单一监管机制（SSM），由欧洲央行具体负责，欧洲央行及成员国监管当局共同参与。SSM 根据规模、对欧盟或成员国经济的重要性、跨境活动的重要性三个维度来判断金融机构是否具有很高重要性。如果欧盟内的信用机构满足下列条件之一，原则上则被认定为在欧盟范围内具有很高重要性：①总资产超过 300 亿欧元；②总资产与母国 GDP 的比值超过 20%（总资产低于 50 亿欧元的除外）；③接受欧洲稳定机制救助的机构；④总资产超过 50 亿欧元，并且在母国外的多个成员国的跨境资产（负债）占其总资产（负债）的 20%以上。此外，SSM 对认定标准具有裁量权，可根据定性条件对系统重要性银行直接进行认定。

英国：对系统重要性金融机构的认定采取两步法。第一步，按照规模、重要性、复杂度、关联度四大类指标计算系统重要性得分，得分超过 350 分即被认定。第二步，将剩余机构按业务性质分为六大类，分别设置细化标准并计算系统重要性得分，得分大于 100 分的机构将被认定。审慎监管局（PRA）还有权酌情将得分低于 100 分的机构认定为系统重要性金融机构。

（2）系统重要性金融机构的额外监管

G-SIBs：G-SIBs 按照系统重要性程度将系统重要性金融机构分为五组，分别执行 1%、1.5%、2%、2.5%和 3.5%的附加资本要求，以及 0.5%、0.75%、1%、1.25%和 1.75%的附加杠杆率要求。此外，G-SIBs 还需满足总损失吸收能力（TLAC）（主要由资本和合格债务工具组成）要求，2019 年初的 TLAC 应达到风险加权资产的 16%和杠杆率分母（即银行表内外名义敞口）的 6%，2022 年初达到风险加权资产的 18%和杠杆率分母的 6.75%；新兴市场 G-SIBs 延后 6 年执行 TLAC 要求，若新兴市场经济体公司债与 GDP 的比值超过 55%，应在 3 年内开始实施 TLAC 要求。

G-SIIs：IAIS 针对 G-SIIs 资本要求提出了三步走计划。第一步是针对 G-SIIs 所有业务，制定基础资本要求（BCR），相关标准已于 2015 年开始实施；第二步是在 BCR 基础上，针对其非传统非保险业务（NTNI），提出更高的资本损失吸收能力（HLA）要求，届时 G-SIIs 持有的监管资本将不得低于 BCR 与 HLA 要求的资本之和；第三步是针对国际活跃保险集团，制定基于集团风险评估的全球保险资本标准（ICS），ICS 制定并实施后，将取代 BCR 成为 HLA 的基础。此外，IAIS 要求 G-SIIs 做好流动性风险应对，监督其建立和实施系统性风险管理计划（SRMP），包括将系统重要性 NTNI 业务从传统保险业务中分离。

美国：《多德-弗兰克法案》强化了美联储对系统重要性金融机构的监管。美联储下设大型机构监管协调委员会（LISCC）负责监管系统重要性金融机构。对系统重要性银行，美联储执行更加严格的审慎标准，包括附加资本要求、补充杠杆率、处置计划和信用敞口报告等。同时，定期开展压力测试、综合资本和流动性分析评估，着重考察极端情形下系统重要性金融机构是否持有足够的资本、流动性管理是否有效。此外，要求本国 G-SIBs 执行严于国际标准的 TLAC 要求，确保其有充足的损失吸收能力和可开展自救的资源，加强跨境处置及存款人保护合作。

欧盟：根据 SSM，欧洲央行对其认定的在欧盟范围内具有重要性的机构进行直接监管，监管权力包括检查、为设立跨国分支机构颁发牌照、高管资质评价、危机处置和执法制裁等。同时，提出“自有资金和合格负债最低要求”（MREL），要求各成员国应在评估金融机构的可处置性、总体风险状况、系统重要性等因素的基础上，确定该机构所适用的 MREL 最小比例。此外，按照欧洲银行业监管局（EBA）制定的《系统重要性机构评估标准指引》，各成员国可认定国内的“其他系统重要性机构”（O-SIIs），并对其适用最高 2%的附加资本要求。

英国：在逆周期资本和系统重要性机构附加资本要求方面，英国沿用欧盟的相关指引；在 TLAC 要求及处置计划方面，英国根据欧盟的监管标准进行了细化。此外，英格兰银行每年对大型机构开展一次压力测试，考察其应对外部压力的能力。

(3) 系统重要性金融机构的处置机制

国际标准：FSB于2011年首次发布并于2014年修订的《金融机构有效处置机制核心要素》是国际层面建立系统重要性金融机构有效处置机制的核心文件，从“适用范围”“处置当局”“处置权力”“抵销、担保及客户资产分离”“债权人安全保障机制”“处置资金”“跨境政策合作的法律框架”“危机管理小组”“针对单个机构的跨境合作协议”“可处置性评估”“恢复和处置计划”“信息获取及共享”等12个方面对有效处置机制框架作出了原则性规定。为指导成员国更好地落实处置相关国际标准，FSB已出台《关于处置策略的指引》《关于处置资金安排的指引》《关于确保关键业务不中断的指引》等10余份指引性文件。实践中，FSB要求全球系统重要性金融机构建立危机管理小组，制订恢复和处置计划，进行可处置性评估，加强跨境处置政策协调。

美国：联邦存款保险公司（FDIC）承担主要的处置职能，处置范围包括银行业金融机构和具有系统重要性的非银行金融机构。系统重要性金融机构需定期向FDIC和美联储提交处置计划，如计划不符合要求，美联储和FDIC可联合决定适用更严格的监管要求，并限制其业务增长。有序清算程序由财政部、美联储和FDIC三方启动后，FDIC作为接管人，对陷入困境的系统重要性金融机构进行接管和清算，可设立一家至数家过桥机构对其业务、资产和负债进行承接。关于损失分担机制，公共资金可用于系统重要性金融机构处置的临时垫付。如公共资金发生损失，首先明确股东、无担保债权人将承担损失，然后在必要时可考虑对资产规模达到一定标准的银行进行收费。

欧盟：2013年和2014年，欧盟相继通过《单一处置机制基本框架》《银行业恢复与处置指令》《银行业单一处置机制法案》，并修订了《存款担保计划指令》，为欧盟各成员国提供了一套关于有效处置机制的制度安排，主要内容包括：初步建立覆盖全部信贷机构、金融集团、非银行住房抵押贷款或商业贷款机构、非欧盟国家在欧盟境内分支机构的处置机制，赋予监管部门和处置当局更广泛的权力，加强国内外当局的合作；明确在欧盟层面成立单一处置委员会，负责处置欧洲央行直接监管的所有银行以及欧洲银行业联盟成员国境内成立的所有跨国银行；所有参加银行业联盟的国家将共同出资，形成单一处置基金，规模目标为银行体系受保险存款总余额的1%左右，主要用于支持单一处置委员会的处置工作；若原本不由单一处置委员会负责处置的银行在处置中需动用单一处置基金，则仍由单一处置委员会作为这些银行的处置当局；要求金融机构和处置当局制订恢复和处置计划，处置当局会同监管部门等开展可处置性评估；完善风险处置工具和手段，包括转移被处置机构的部分或全部资产，设立过桥机构短暂经营被处置机构的业务，剥离不良资产交由处置当局进行专门处置，引入“自救”机制，要求被处置机构的部分债权转为股权，同时配合可行的重组计划等。

英国：2009 年，英国颁布《银行法案》，创设了针对银行类机构的“特别处置机制”。2013 年 4 月生效的《金融服务法》将特别处置机制的范围扩大到了投资公司和金融市场基础设施。目前，英国特别处置机制的主要内容包括：将维护金融稳定、确保关键服务不中断、维护公众信息、最大限度降低对公共资金的依赖等因素作为特别处置的法定目标；明确了英格兰银行是主要处置当局，并确定了其与监管部门、财政部门的分工合作机制；赋予英格兰银行广泛的处置权力，包括减记或转股，可以不经股东和债权人同意就出售问题机构的全部或部分业务，设立过桥机构维持业务的持续运营，必要时对问题机构实施国有化等；明确处置中的债权人保护机制，要求将过桥机构和国有化运营收益返还债权人，不得改变普通破产程序中的债权人受偿顺序，同时规定股东或债权人在特别处置中所得到的款项不得少于在一般破产程序中所能得到的款项；进一步加强存款人保护，将存款保险限额上调至 8.5 万英镑。

9.3.1.2 我国完善系统重要性金融机构监管的主要思路

近年来，我国金融体系不断发展，个别金融机构规模庞大，已跻身全球系统重要性金融机构之列。中国工商银行、中国农业银行、中国银行、中国建设银行已被认定为 G-SIBs，且在评估中的得分和排名逐年上升；平安保险集团也是全球九家 G-SIIs 之一。同时，我国金融体系关联度持续上升，同业负债迅速扩张，表外业务快速发展，整个金融体系的复杂性快速增加。部分规模较大、复杂度较高的金融机构因与其他金融机构关联度高而居于金融体系的核心，其经营情况和风险状况关系到金融体系整体的稳定性。因此，完善我国系统重要性金融机构监管制度对于防范系统性风险、强化宏观审慎管理至关重要。

在此背景下，党中央、国务院作出了统筹监管系统重要性金融机构的决策部署。在借鉴国际经验基础上，结合我国金融业发展和监管体制的实际情况，中国人民银行将会同相关金融监管部门，对系统重要性金融机构的评估与识别、特别监管要求和特别处置机制等作出制度性安排。

(1) 明确系统重要性金融机构的评估方法和流程

评估流程主要包括划定参评机构范围、确定评估指标和数据模板、收集数据、计算得分、监管判断、确定名单和发布名单。评估以定量指标体系为基础,计算参评机构系统重要性得分,指标可包括规模、关联度、复杂性、可替代性、资产变现等多个维度,力求评估结果的客观准确;同时参考定性分析等其他信息进行监管判断,弥补定量指标体系广度不够、打分体系灵活度不足的欠缺。最终评估出的系统重要性金融机构名单应符合实际情况,一方面避免遗漏可能对金融稳定造成重大威胁的金融机构,另一方面避免过度扩大名单范围,造成金融机构监管负担过重。评估方法和流程应定期审议修订,以适应金融业的快速发展和变化。

(2) 对系统重要性金融机构提出特别监管要求

制定附加监管要求。鉴于系统重要性金融机构在金融体系中的重要地位,应对其提出附加资本要求,强化其经营的稳健性。为更好地反映机构的系统重要性程度,附加资本应采取连续法计算,即选取系统重要性得分最高的金融机构作为基准机构,确定其附加资本要求,其他机构的附加资本要求根据系统重要性得分与基准机构得分的比值确定。此外,还可从杠杆率等方面提出附加监管要求,完善系统重要性金融机构监管。

完善公司治理。系统重要性金融机构应当在现有公司治理监管要求基础上,进一步建立风险覆盖全面、管理透明有效的治理架构。系统重要性金融机构应当进一步明确董事会、监事会和高级管理层的职责权限,在董事会下设风险管理委员会,明确系统性风险管理目标,制定风险防控有关措施,以形成合理承担风险、避免盲目扩张的理性企业文化。

加强持续监测。系统重要性金融机构应遵守更高的信息披露标准。金融管理部门应就系统重要性金融机构共享数据和信息,定期针对机构整体经营情况或个别业务开展风险评估。定期对系统重要性金融机构开展压力测试,评估机构在假设的压力情景下的稳健性,并根据压力测试结果,视情提出额外的监管要求或采取相应监管措施。

完善宏观审慎政策工具箱。系统重要性金融机构存在违反审慎经营规则或威胁金融稳定情况的,相关部门可向该机构直接作出风险提示。必要时,可对其业务结构、经营策略和组织架构提出调整建议,以降低其引发系统性风险的可能性。

(3) 建立系统重要性金融机构的特别处置机制

首先，要组建系统重要性金融机构的危机管理小组，负责建立系统重要性金融机构的特别处置机制，推动恢复和处置计划的制订，开展可处置性评估，以确保系统重要性金融机构一旦经营失败，能够得到安全、快速、有效的处置。其次，系统重要性金融机构应当制订并按年度更新恢复计划，提交危机管理小组审议修订后执行。恢复计划旨在确保机构在极端压力情景下，能够通过采取相关措施恢复正常经营。再次，应当制订系统重要性金融机构处置计划并按年度更新，经危机管理小组审议修订后执行。处置计划旨在通过预先制定的处置方案，确保机构在陷入实质性财务困难或无法持续经营时，能够得到快速有序处置，并在处置过程中维持关键业务和服务不中断，避免引发系统性风险。最后，危机管理小组应当每年开展对系统重要性金融机构的可处置性评估，评估机构处置机制的可行性与可靠性，就如何提高可处置性提出改进建议。

为防范大型金融机构“大而不能倒”风险问题，2020 年 10 月，中国人民银行、银保监会发布《全球系统重要性银行总损失吸收能力管理办法（征求意见稿）》（以下简称《办法》）。《办法》对接 FSB 制定的《全球系统重要性银行总损失吸收能力条款》（以下简称《TLAC 条款》），旨在确保我国全球系统重要性银行进入处置阶段时，具有充足的损失吸收和资本重组能力，防范系统性金融风险。

2015 年底，G20 峰会正式通过 FSB 制定的《TLAC 条款》，针对全球系统重要性银行设置了全球统一的 TLAC 监管指标和最低监管要求。对接《TLAC 条款》，《办法》规定，全球系统重要性银行外部总损失吸收能力比率应满足以下要求：外部总损失吸收能力风险加权比率自 2025 年 1 月 1 日起不得低于 16%，自 2028 年 1 月 1 日起不得低于 18%；外部总损失吸收能力杠杆比率自 2025 年 1 月 1 日起不得低于 6%，自 2028 年 1 月 1 日起不得低于 6.75%。对于 2022 年 1 月 1 日后被认定为全球系统重要性银行的商业银行，则应当在被认定后 3 年内满足《办法》规定的要求。

根据《办法》，满足相关条件的资本工具、非资本债务工具等均可计入 TLAC。其中，非资本债务工具为新增的可计入工具，有助于丰富银行 TLAC 补充方式。具体看，资本工具需要满足的条件是：剩余期限 1 年以上，由全球系统重要性银行处置实体直接发行和持有，以及由全球系统重要性银行处置实体的附属公司发行且由第三方持有的核心一级资本，根据金融监管部门的资本监管规定可计入处置实体的并表核心一级资本。非资本债务工具需要满足的合格标准包括：实缴；无担保；不适用破产抵销或净额结算等影响损失吸收能力的机制安排；剩余期限一年以上或永久（无到期日）；工具到期前，投资者无权要求提前赎回；由全球系统重要性银行处置实体直接发行并持有；等等。

虽然在监管指标的计算、工具的次级属性等方面，TLAC 与现有资本工具存在类似之处，但 TLAC 规则与资本监管规则存在显著区别。资本监管要求是针对商业银行可持续经营条件提出的，是约束商业银行风险资产规模无序扩张的重要工具，而 TLAC 规则是保障金融机构有序处置的关键因素，是一套与金融机构处置密切相关的监管框架。

现阶段，工行、农行、中行、建行是我国的全球系统重要性银行，未来可能被列入全球系统重要性银行的机构还包括交通银行和兴业银行。从时间的充裕性和工具的丰富性来看，四大行达标的压力并不大。一方面，目前距离 2025 年初达标时点还有 3 年多的时间，四大行可充分利用达标的过渡期，做好达标规划，并统筹安排 TLAC 工具的发行。另一方面，《办法》规定满足条件的资本工具、非资本债务工具等均可计入 TLAC。可以预见的是，未来数年，四大行将分批、分步发行 TLAC 工具，尤其是非资本债务工具。业内人士认为，总体上看，四大行 TLAC 工具的发行不会明显推高债券市场利率并对其他债券品种产生挤出效应。从供给端看，TLAC 债券的总体发行需求有限，且将在 2021 年至 2024 年分批有序发行，预计每年发行规模与目前四大行资本工具的发行规模相当；从市场容量看，债券市场预计能够有效吸纳每年千亿元规模的 TLAC 工具发行。

9.3.2 加强对金融衍生产品和影子银行的监管

金融衍生产品发展迅猛，其风险也越来越凸显，逐渐成为世界金融危机爆发的主要原因。中国目前的金融创新能力有限，金融衍生产品品种也不丰富，相关交易比重较低，但是中国金融开放的程度在逐渐深化，外资金融机构在华数量不断增加，金融衍生品交易在日后必定成为中国重要的金融品种交易，所以要加大对金融衍生品交易的监管力度。

由于金融衍生产品交易是一个比较新的内容，各国对这方面的立法都不一致。中国虽然针对金融衍生产品出台了各项管理办法和条例规定，但还欠缺完善的关于金融衍生产品交易监管的法律法规体系。金融衍生产品的监管立法工作不仅要包括金融衍生产品的创新情况和交易规范，还要对金融衍生品市场进行规范管理，对从事金融衍生产品开发和交易的金融机构进行监管。另外，对于金融衍生产品的发展，不能因为其会带来金融危机就因噎废食，要充分发展金融衍生产品，并控制其发展范围和发展速度，使潜在的风险处于可控的范围之内，充分发挥金融衍生工具的功能。

强化对金融衍生品交易的信息披露，增强信息透明度。金融衍生产品的设计和计算方法本来就非常复杂，如果不能充分披露交易信息，信用评级机构就不能考虑到全面的信息，不能准确评估金融衍生品的价格和潜在的风险。因此，中国在金融衍生产品的信息披露方面要明确相应的规范和要求。

辩证看待影子银行发展。影子银行体系存在着诸多风险，且与商业银行高度关联，一旦出现风险，极易扩散，危害整个金融系统的稳定。但是影子银行在发展初期并不会危害金融稳定性，在一定范围内反而会对稳定性起正向促进作用。因此，我们虽然要严控影子银行风险的爆发，但也并不是要消灭影子银行，不让其发展。正确的态度是引导影子银行健康发展，最大限度地让影子银行发挥对经济的积极作用。

对于影子银行的治理，应该采用“引导+监管”的模式，既不限制其发展，也不任其野蛮生长。要想治理好影子银行问题，前提条件是增强影子银行的信息透明度，让“影子”阳光化。因此国家监管当局应该尽快建立各类影子银行的信息披露机制，只有如此才能有的放矢，提高监管效率，防范各种风险的发生。在全社会开展金融风险教育工作，让大众能够更好地识别风险。对各类金融机构要健全处罚机制，遏制影子银行经营者只追求利益而忽视风险的行为。

加强对影子银行的监测和管理，防范潜在的风险。对影子银行发展过程中出现的问题和潜在的风险进行合理的监管，实时进行监测统计，构建差异化和多层次的金融体系。对影子银行要加强管理，根据国际经验设立具体的资本充足率、流动性等要求，加强信息披露，提高透明度，使其规范发展。对小额贷款公司、担保公司以及典当行等发生的违规行为进行及时纠正，并对其融资渠道和额度设置一定的门槛，限制杠杆率，逐步将影子银行纳入社会融资规模的统计范畴，完善信息共享制度和风险控制方案，逐步完善对影子银行的监管制度。

监管当局应该对不同类型的影子银行进行差异化的监管。首先，我国影子银行产品众多，可以分为“银行的影子”业务、非银行金融机构业务和未观测信贷。“银行的影子”业务是三类业务中对金融稳定性影响最大的，监管部门应尽快出台监管措施规范其发展，增强该类业务的相关信息披露，对其风险进行严格的控制。对于非银行金融机构业务，要以疏导为主。这类业务的主要客户是中小微企业，对解决我国长久以来的中小企业融资难问题有很大的帮助。但这类金融机构往往风险管理机制不健全，极易出现坏账和债务纠纷，需要国家对其进行规范化管理。未观测信贷是三类影子银行业务中最难统计和监控的一类，首要任务是找到合适的方法将其纳入监管体系，有效地监控其风险。其次，在不同地区，影子银行及其对金融稳定性的影响也存在较大的差异。因此，应根据不同地区的特点制定相应的监管措施。我国东部地区经济发达，金融资源分布较广，融资需求强烈，因而需要对其实行疏堵相结合的监管措施，将影子银行控制在合理的范围内；中部地区由于强周期性行业占比较大，产能过剩问题突出，因此需对其进行产业结构调整，完善市场环境；西部地区由于金融经济发展落后，市场化程度低、社会融资规模小、金融监管薄弱，因此，在加强监管的同时，需增加金融市场容量。

9.3.3 构建加密资产监管框架

当前，加密资产相关领域的清理整治工作取得积极进展，有效防范化解了相关风险，但各类非法金融活动形态多变、转移迅速，仍存在违规业务“出海”运营，利用代投、代充手段进行诈骗等问题。变相ICO不断出现，例如不直接发币募资，而是先免费“赠币”，发行人自留一部分币，后续设法炒高币价牟利等。清理整顿工作需持续着力，相关风险的防范与化解需未雨绸缪，早识别、早预警、早发现、早处置。首先，继续保持高压态势，加大清理整治力度，继续采取多种手段，对新出现的违法违规问题依法严厉打击，维护市场秩序，引导资金回归实体经济；其次，加强国内监管协调，发挥部门合力，按照实质重于形式的原则落实功能监管要求；再次，持续做好投资者保护与宣传教育，采取多种形式明确揭示风险，强调风险自担；最后，积极推进国际合作与监管协调，形成监管合力，共同应对监管挑战。

对于中国而言，本质上，中国金融监管当局自始至终未给予虚拟货币作为金融工具所必须具备的前提条件和生存空间，即使是在监管相对宽松的时期，中国金融监管当局对虚拟货币的定位也仅是将之作为一个社会公众可以有限投资的虚拟商品。同时，通过禁止金融机构参与虚拟货币交易以及禁止金融机构为虚拟货币交易提供金融中介及支持服务，客观上也使虚拟货币以及数字代币丧失了成为正常或正规金融工具的前提条件和可能。对于中国来说，目前虚拟货币及数字代币的现货市场尚无法合法存在，基于虚拟货币的衍生品市场更是毫无合法存在的可能。

首先，应当调整对加密货币监管的整体监管态度及监管方式。以美国为例，美国对加密货币的监管已经进入一个有序、规范、灵活、渐进、包容的监管状态之中，但其金融监管当局面对加密货币所凸显的一系列风险同样高度警惕。对美国而言，其应对的方法主要通过监管政策阐述、监管规则完善以及具体监管执法行动来予以实现。在某种程度上说，虽然"一刀切"的监管禁令可以在短时间内带来显著的监管成效，但从长期发展看，也失去了让一个尚处在发展初期且具有巨大发展潜力的金融工具及金融市场逐步自我完善的前提和可能。

其次，可以探索利用数字代币技术来改进直接融资的效率和比例。数字代币可以虚拟货币为基础，也就是基于虚拟资产发行数字代币。但同时，数字代币也可以基于其他利益或者服务来发行。对于中国来说，长期以来，直接融资比例偏低是制约金融资源配置效率及影响金融系统稳定的一个重要不利因素。对此，美国证券及交易委员会认定 DAO 代券为美国证券法下的证券可以作为一个有益的例证。在此需要强调的是，数字代币的发行或者说利用数字代币技术进行的证券发行，是在严格遵守现有证券法的前提下进行的，这也是美国证券及交易委员会对数字代币发行的基本要求。而在严格遵守既有证券法的前提下，既不会存在显著的法律风险，也不会对金融体系稳定带来损害，反而拓展了证券发行的方式，通过改进直接融资的实现方式，提高了金融资源配置效率。

最后，应构建中国自身的加密货币监管框架。金融监管应当涵盖金融产品的全过程、全环节、全周期，而准入监管仅是金融监管的一个基本环节，只有针对金融产品的各个方面、各个阶段建立起健全完善的监管规则体系，具体金融工具的正面价值方能充分实现，其内在的风险及缺陷才可能得到有效防范。因此，对于特定金融工具来说，不能够脱离对其具体监管规则的科学性、完备性的分析，而想当然地对该金融工具的风险水平以及功能价值作出肯定或否定的判断，对于数字货币而言更是如此。加密货币作为新兴金融工具，虽然从表面上看前所未有，但从本质来看，不过是既有传统金融工具在实现方式上的创新。虽然其本身融合了多种传统金融工具的功能和作用，但并非不可理解，其风险也并非无法控制。美国目前加密货币市场的活跃以及其自身监管框架的相对完善，以实例表明加密货币完全可以得到稳妥发展和有效监管。而完全禁止加密货币的一切发行及交易活动，从长远来看，无论是从利用新兴技术来改善自身国内金融资源配置效率及资本形成方式的角度，还是从积极利用创新金融技术参与国际金融竞争的角度，都很难被称为最优的政策选择。

9.3.4 进一步完善我国审慎监管基本制度

2008 年国际金融危机后，国际金融监管改革更加注重系统性风险防范，包括探索构建宏观审慎管理制度和强化微观审慎监管，相关核心国际标准和主要经济体实践均趋于完善。当前，随着我国金融体系规模快速增长、金融机构业务模式日益复杂，金融体系内部关联性和脆弱性不断上升，有必要在梳理危机后国际金融监管改革主要成果的基础上，进一步健全完善我国审慎监管的基本制度体系，包括强化宏观审慎管理和微观审慎监管两方面制度安排，及时防范化解系统性金融风险，维护金融稳定。

强化系统性风险监测评估。准确识别和预警系统性风险，有利于提高宏观审慎管理当局工具和政策运用的前瞻性和有效性。应构建高效充分的信息采集系统和科学完备的分析框架，包括建立健全全面覆盖各类金融机构、业务和市场的综合统计体系，开展宏观压力测试，进行金融体系稳定性评估，等等。

系统重要性金融机构的识别和监管。2008 年国际金融危机表明，具有系统重要性的大型复杂金融机构监管制度不健全，将引发严重的道德风险，威胁金融体系稳定。因此，要及时、定期识别系统重要性金融机构，对其适用更为严格的监管标准和措施，包括并表监管及附加资本和杠杆率等审慎标准，以降低系统性风险。

加强逆周期调控。逆周期调控要求金融机构在系统性风险积累时建立风险缓冲，在面临冲击时释放缓冲。例如，通过设置逆周期资本缓冲、针对特定行业的附加资本要求和动态拨备要求等，减缓周期性波动对金融稳定的影响。

降低金融体系的关联度风险。金融体系各组成部分的关联性增加，会使得风险传播更加迅速且难以监控，增加系统性风险的发生概率。应建立相关机制性安排，降低金融系统的内部关联度，包括强化金融控股公司监管、统一资产管理业务等跨行业金融产品的监管规制、加强金融市场基础设施监管、设置场外衍生品交易保证金要求及大额风险敞口上限等，以有效避免风险传染。

强化资本/偿付能力监管。资本监管是审慎监管制度的核心。严格的资本监管，不仅确保了银行等金融机构能够及时冲销各类非预期损失，确保偿付能力，降低倒闭概率，还通过全面覆盖金融机构各类业务，推动其加强内部管理和风险管控。应结合我国金融业经营发展情况，继续落实《巴塞尔协议Ⅲ》要求，持续完善金融机构资本监管框架，不断强化金融体系的抗风险能力。

加强流动性风险监管。构建健全的流动性风险管理体系，及时计算流动性覆盖率、净稳定资金比例等关键指标，帮助银行等金融机构识别、计量、监测和控制流动性风险，确保其流动性需求能够及时以合理成本得到满足，降低因流动性短缺导致资金链断裂的风险，以及避免个体流动性风险叠加后进一步放大金融市场总体风险。

严格公司治理要求。对金融机构内部管理进行严格规制，规范公司治理、内部控制和风险管理等关键性制度安排，促进其稳健运营发展，加强对股东的延伸监管，防范大股东控制和违法违规经营带来的风险。

建立健全金融机构风险处置机制。应针对金融机构特别是系统重要性金融机构建立专门的风险处置机制，确保监管部门及时干预，并利用有效的处置工具快速、有序处置风险，保持关键业务和服务不中断，避免单家机构倒闭对金融体系或经济造成系统性冲击。为减少对公共资金救助的依赖、防范道德风险，金融机构倒闭的损失应首先由股东及无担保债权人承担，其次考虑行业积累形成的各类保障基金介入，必要时中央银行作为“最后贷款人”提供援助，或财政部门使用公共资金对问题机构提供注资，以维护金融体系的系统性稳定。

9.3.5 加强金融监管的国际协调与合作

在金融监管方面建立国际交流和协调机制的建议，以加强国内外金融机构监管之间的交流，是防范国际金融风险传染的有效手段。第一步是要建立国内金融监管机构之间的交流和协作。这也是第二步建立国际金融监管交流协作的基础。在监管协调机制方面，2008 年国际金融危机表明，分业监管模式缺乏对系统性风险的宏观审慎管理，中国应借鉴国际经验，完善金融稳定框架和机制。

中国要积极参与国际金融规则的制定和修订。中国作为世界第二大经济体和第一大外汇储备国，要增强在国际金融规则制定中的地位和发言权，切实参与到国际金融规则和国际金融新秩序的建立中，促使金融全球化的发展有利于中国金融体系的发展和稳定。

中国金融机构要适时引用和转换国际规范的会计制度和审核制度，逐渐与国际标准接轨，促使中国的金融业在国际金融市场中占有一席之地，使其他国家的金融业从业人员及利益相关者了解中国金融机构的经营状况和发展前景。另外，按照国际会计准则和会计标准编制财务报表，有利于监管机构和国际权威的信用评级机构对中国金融业的财务风险和盈利状况进行准确的判断，便于金融监管方面的国际交流和合作。

9.3.6 构建金融科技长效监管机制

《金融监管蓝皮书：中国金融监管报告（2020）》（以下简称《蓝皮书》）对当前金融监管领域的重大问题进行了深度分析，并提出了构建金融科技长效监管机制的建议，以充分发挥科技金融优势。近年来，拥有成熟技术平台的大科技公司（BigTech）依托其特有的用户、场景和技术优势快速发展了数字金融业务，逐步形成具有鲜明特色的大科技金融（BigTech in Finance）业务模式与生态体系。大科技金融是科技与金融结合的必然现象，其特点鲜明、优势突出，但也存在一些值得关注的风险点和需要进一步深入思考的新问题。为此，监管部门应秉承前瞻性、包容性和功能性的监管理念，平衡好金融创新与防范风险的关系，构建支持和规范金融科技良性发展的长效监管机制。

针对大科技金融下一步的发展，《蓝皮书》进一步指出，在防治新冠肺炎疫情过程中，以互联网银行为代表的大科技金融表现突出。大科技金融凭借自身平台和技术优势，快速调配其自身特有的信息流、商品流和资金流，创新产品和服务模式，能够快速和精准地触达微型末梢组织，在支持小微企业和个体户复工复产过程中发挥了积极和重要的作用。今后，大科技金融要进一步利用大数据、人工智能等数字技术，降低金融服务成本，提升金融服务效率和客户体验感，同时依托技术和场景提供综合化、便捷的金融服务，放大范围经济和规模经济效应，发挥推进金融创新、推动金融市场发展和服务普惠金融等方面的价值。

针对大科技金融下一步的监管，为进一步促进中国大科技金融业务的良性、健康、可持续发展，正确认识大科技金融业务可能存在的潜在风险，应当明确大科技金融监管的总体目标和基本原则，构建金融科技监管的长效机制，重视规划引领，明确监管需求，健全制度保障，鼓励行业自律，实现鼓励金融创新和维护金融稳定的平衡目标。

第一，落实《金融科技（FinTech）发展规划》(以下简称《规划》)，支持大科技金融的健康发展。大科技金融的出现和发展是金融科技演变的必然趋势和发展路径之一，是科技与金融业结合起来服务数字经济发展的必然现象。从内在逻辑看，大科技金融符合《规划》的目标和导向，因此要重视规划引领，稳步推进和贯彻落实《规划》精神，将大科技金融的健康可持续发展纳入金融科技产业发展体系内。因此，需要以功能监管的思路，在保护金融消费者权益的基础上，积极鼓励市场供给，给予大科技公司一定的开放空间，努力营造公平、有序、开放、积极的金融市场竞争环境。

第二，构建大科技金融业务的长效监管机制，增强监管的前瞻性和包容性。从长远来看，金融科技的发展和金融创新的速度日新月异，被动式和响应式监管无法满足监管需要，构建大科技金融长效监管机制、形成前中后全覆盖的监管体系尤其重要。监管机构应主动引导行业发展，积极探索大科技金融的正向外溢效应，建立试错容错机制，实行“刚性底线+柔性边界”的监管方式。

第三，加强金融业综合统计和数据共享工作，搭建大科技金融监管基础设施。大科技金融业务涉及不同的金融子市场，因此不同金融部门的同类金融业务的监管标准应逐渐趋同，各类市场的统计标准也要逐步协调兼容，尤其是金融交易、支付、清算和托管结算等服务的金融基础业务的统计标准。此外，地方金融监管部门的数据统计和风险预警也应进一步加强，配合强化域内金融科技企业的产品统计工作，并深化跨区域的沟通与协调。

第四，借助大科技公司的技术能力，提升金融监管的科技化、智能化水平。监管科技作为新型监管手段和传统金融监管方式的有益补充，可以在数据安全、采集、报送和风险智能评估等方面发挥积极作用。大科技金融业务的综合经营特征，凸显了传统金融监管机构之间协同不足的问题，而监管科技可以通过统一的 API 接口、规范化的数据标准实现不同监管系统和央地监管机构之间的数据共享、案例共享，有效提升综合监管能力、监管协同度以及科技化智能化水平。

第五，鼓励并规范大科技公司与传统金融机构开展合作，实现融合发展。从大科技金融与传统金融机构的关系看，双方的合作意愿远远强于竞争关系，不仅可以做到合作共赢，更可以实现融合发展。大科技金融具有技术、网络和场景优势，传统金融机构则具有大规模和低成本的优势，可以共同为客户提供综合化的金融服务。同时，在业务开展的过程中，双方共同积淀的用户金融行为特征，可以进一步夯实大科技金融和传统金融机构的风控能力，形成良性循环，切实服务消费者的金融需求，推动普惠金融的有效发展。

第六，支持大科技金融率先进入“监管沙箱”试点，起到带动和示范作用。“监管沙箱”机制是国际金融危机后寻找监管新平衡的有益探索，兼具技术和制度双层创新。大科技金融申请进入沙箱自身要具有两大优势，一是持牌机构，二是技术领先。因此，应支持和鼓励大科技金融进入“监管沙箱”，积极培育“监管沙箱”协同发展生态圈，探索适合“监管沙箱”机制的工作协调机制，不断研究新情况、解决新问题，实现体制机制、理念步调和准入退出标准的不断完善和协调统一。

9.4 建立风险预警机制，构建金融安全网

9.4.1 建立金融风险预警机制

金融风险的预警主要是对能反映各种风险的因素、情况以及变动趋势进行跟踪统计、实时检测的行为。建立金融风险预警机制首先要设立预警指标体系，通过选取一系列指标来检测金融风险的状况，对这些指标设定预警阈值，这些阈值要与国际上公认的标准接近。然后用数据处理方法或模型，确定各指标值的情况，得出金融风险水平综合指数。将金融风险设为正常状态、低度风险、中度风险、高度风险等不同的等级并制定相关的等级指标标准，用这些指标来反映金融风险状况。中国金融业是分业经营，所以需要对银行业、证券期货业和保险业分别设立风险预警子系统。

9.4.2 防范货币市场基金流动性风险

针对2008年国际金融危机期间货币市场基金暴露出来的流动性问题，FSB、国际证监会组织（IOSCO）等国际组织和美国、欧盟等经济体的监管机构先后出台了多项改革措施。我国于2016年2月1日起开始实行新的《货币市场基金监督管理办法》，2017年10月1日起实施的《公开募集开放式证券

投资基金流动性风险管理规定》也对货币市场基金的流动性风险管理作出特别规定，在基础制度设计与具体监管规则方面基本实现了与境外市场监管规则的趋同。

2018 年 6 月，证监会、人民银行联合发布《关于进一步规范货币市场基金互联网销售、赎回相关服务的指导意见》，规范互联网货币市场基金销售行为，对 T+0 赎回提现实施限额管理，降低投资者对货币市场基金无限流动性预期，缓解货币市场基金流动性管理压力。

当前，为进一步完善货币市场基金流动性管理框架，可进一步做好以下几个方面工作。

进一步提高流动性监管要求。提高流动性资产在基金资产中的占比下限，逐步下调货币市场基金平均剩余期限的上限要求，收紧货币市场基金投资信用类债券的比例控制要求。优化赎回阻尼政策，适当降低赎回阻尼政策的触发门槛，与流动性监管指标相匹配。建立极端情况下的“挤兑”阻断机制。

建立健全系统重要性货币市场基金评估和监管框架。对系统重要性货币市场基金设置更高的风险备付金要求，执行更高的流动性、投资分散度等监管标准。可考虑将系统重要性货币市场基金纳入央行宏观审慎管理框架，定期对其进行宏观审慎评估。

强化投资者保护，打破“保本保息”的非理性预期。解决货币市场基金的流动性风险，应明确货币市场基金的市场定位和发展目标，引导货币市场基金回归其流动性管理工具和低风险投资产品的本源。强化对货币市场基金的规范和金融消费者保护，加强信息披露和投资者风险教育，要求基金销售机构向投资者充分揭示额度限制、服务暂停及终止、投资收益等与其有重大利害关系的事项，以显著方式充分揭示风险；禁止对基金账户提现、支付等产品进行夸大或不实宣传，禁止与活期存款或定期存款利率进行比对，对投资者进行“保本保息”宣传，降低投资者对基金非理性的高收益预期。

9.4.3 关注房地产金融领域的风险

完善房地产市场监测体系。完善的房地产市场监测体系，有利于全面、有效和持续地收集监测数据，为判断房地产市场的状况提供重要参考，并为相关政策的制定和改进提供重要依据。因此，需要在现有监测条件下，进一步完善房地产监测数据的收集能力。比如，准确及时地获得房地产企业土地开发存量和新增状况的数据，可以快速获取房价实际水平、准确统计存量房的套数等，有利于更精准地制定房地产调控政策。

提高房地产企业的多元融资能力。房地产企业融资渠道的多元化，可以削弱房地产业对银行的依赖，对银行信贷风险形成有效的分散。首先，房地产企业应该开拓更广泛的融资通道，比如综合使用发行企业债券、设立房地产投资信托、股票上市融资、借助民间金融等融资方式，优化区域金融结构，有利于区域金融稳定。其次，将房地产行业的抵押贷款进行证券化处理，可以有效地改变银行资产负债的期限错配现状，缓解银行房地产抵押贷款的流动性难题，还可以分担银行承担的房贷违约风险。发展更多有利于房地产筹资的金融创新，在审慎推进创新产品的基础上，充分发挥其风险转移作用。

平稳发展房地产消费市场。首先，针对房地产消费市场上的房地产库存，相关部门应该提供优惠政策，满足住房消费者的合理居住需要，给予一定的贷款发放帮助；其次，在房地产的供应上，应该完善住房供给结构，提供更大比例的保障性住房，限制高档住房产品，缓解住房供需矛盾带来的问题；最后，在准确判断房地产市场形势的基础上，对房地产市场作出合理和连续的政策规划，房地产调控政策要温和而不是生硬，避免政策实施导致的房价过度波动。

保持房地产金融政策的连续性和稳定性。继续落实好“因城施策”的差别化住房信贷政策，指导商业银行合理管控个人住房贷款增长，强化个人住房贷款审慎管理，支持刚性居住需求，抑制投机炒房行为，加强对消费贷款的管理，防止消费贷款、经营贷款等资金挪用于购房的行为，抑制居民部门杠杆继续过快增长。

防范房地产领域的不当和过度融资。抑制资金过度流向房地产领域，对负债率偏高以及大量购置土地、具有囤房囤地和市场炒作行为、制造“地王”现象等的房地产企业进行融资限制，清理规范房地产企业“明股实债”等融资行为，提高房地产行业债务透明度，严格落实企业购地只能用自有资金的规定，加强房地产开发企业购地资金来源审查，严控购地加杠杆行为。

出台房地产市场健康发展长效机制。综合运用土地、金融、财税、立法等手段，解除制约房地产市场稳定的制度障碍。加快推进房地产领域供给侧改革，人口流入的大中城市应切实加大住宅用地供应，增加住宅供给能力，有效引导市场预期。同时，加快建立“租购并举”的住房制度，推动

“租购同权”，调节长期供求关系。

9.4.4 关注地方监管的机构和平台的区域性金融风险

当前及今后较长时期，防控和化解区域性金融风险是地方金融监管工作的重中之重。各地方政府必须全面准确把握全国金融工作会议精神实质，切实履行属地监管和风险处置责任，积极防范和化解地方政府承担监管职责的机构和平台的风险。

全面实施金融机构及业务持牌经营。开展金融业务必须持有金融牌照。非法金融活动必须一律禁止，非法金融机构必须一律取缔，严厉打击无牌照、超范围违法违规经营活动。落实地方政府属地监管和风险处置责任，加强监管问责。地方政府要在坚持金融管理主要是中央事权的前提下，按照中央统一规则，强化属地监管和风险处置责任。国务院金融稳定发展委员会指导地方金融改革发展与监管，对地方政府进行业务监督和履职问责。

健全中央与地方金融监管协作机制。建立健全中央与地方金融监管、风险处置、信息共享、消费者权益保护等协作机制，防范区域性金融风险监管空白和监管套利。

强化法规行政配套和投资者教育保护。尽快完善地方监管机构和平台的监管规则，制定完善小额贷款公司、融资担保公司、典当行、融资租赁公司等的监管规则和办法。健全信用体系，加大金融违法违规行为处罚力度，大幅提高违法成本。切实加强投资者保护，重视投资者适当性管理和宣传教育。

进一步深化金融改革。“开正道、堵歪门”，加强金融改革，完善体制机制，夯实防范风险的长期制度基础，从根本上消除各类违法违规金融活动的滋生土壤。

结　论

根据以上各章对金融稳定的相关理论和影响因素的具体分析可知，中国目前的金融系统处于稳健运行状态。但是随着影响因素的增加和变化，要维持金融稳定运行还是会面临一系列的挑战。一方面要完善中国金融稳定评估指标体系，构建与国际接轨并能反映中国金融实际状况的指标体系；另一方面也要加强金融体系各要素的稳定性，为实体经济提供全面的金融服务，更好地发挥相关功能。为此提出具体的对策和建议如下：

优化金融结构。首先，促进农村金融体系和城市金融体系的协调发展。充分发挥农村金融体系的功能，使之与城市金融体系相互补充、相得益彰，推动发达地区和欠发达地区金融体系的协调发展，打破中国目前的二元结构。其次，改善融资结构。在中国，间接融资占主导地位，直接融资发展较缓，不利于优化金融资源配置。要发展和完善资本市场，为直接融资提供良好的市场环境和发展平台，拓宽融资渠道，满足大型企业和中小微企业等各种类型企业的融资需求。最后，货币市场和资本市场既要全面发展、协调发展，又要加强二者之间的联系。

深化金融改革，提升中国金融业服务能力和国际竞争力。继续深化银行业改革，稳步推进金融创新，改善业务结构和盈利模式，改善定价和风险管理能力。完善监管制度，对重点领域的风险加强防控，特别是要防范风险交叉传递，切实守住不发生系统性、区域性金融风险的底线。证券期货业不断发展创新，促进市场体系建设，进一步加强监督和完善股票上市公司治理，加强证券期货机构经营和监管能力，不断增强其服务实体经济的能力。保险业深化改革和创新，促进模式转型和结构调整，提高保险资金的使用效率，有效防范和化解潜在风险，更好地发挥保险业在经济社会发展中的助推器和稳定器作用。针对金融市场的发展，要坚持市场化取向，大力发展直接融资，鼓励金融创新，着力防范风险，努力构建品种齐全、运行高效、功能完备、规模相当、适应经济社会发展需要的金融市场体系。此外，为进一步完善金融市场基础设施、保证零售支付服务市场的安全和效率，改革和发展中国法律财务制度和会计制度，全面实施《征信业管理条例》，加强风险调节。

完善宏观审慎管理，加强金融监管。首先，建立系统重要性金融机构监管体制，防范系统性金融风险的发生。在未来，中国分业监管的金融监管模式还是要发生改变的。随着跨行业的金融产品和金融创新的不断涌现，中国必须用前瞻性的眼光来看待目前的金融监管模式，逐渐有步骤地向统一的监管模式迈进。根据中国的具体情况以及监管目标、监管效率等各个方面的不同要求，构建具有中国特色的金融监管模式。其次，加强对金融衍生产品的监管。金融衍生产品逐渐成为金融危机的重要风险源，要完善与金融衍生产品相关的法律法规体系，对金融衍生品市场进行规范管理。加强对影子银行的监测和管理，防范潜在的风险。加强对信用评级机构的监管，保证信用评级机构出具的评价结果真实、准确、全面、及时。强化对金融衍生品交易的信息披露，增强信息透明度。构建加密资产监管框架，尽快建立完善的加密资产监管体制。再次，进一步完善我国审慎监管基本制度。进一步完善差别准备金动态调整政策，探索逆周期资本工具，研究降低系统重要性金融机构风险的措施，加强对系统性风险的监测预警，深入开展金融机构稳定性现场评估和金融稳定压力测试，完善危机管理和系统性风险处置机制，扎实推进存款保险制度建设，有效维护金融体系稳健运行。最后，加强金融监管的国际协调和合作。建立金融监管的国际交流和合作机制，积极参与国际金融规则的制定和修订，建立与国际会计制度和会计标准接轨的财务报告制度。

建立风险预警机制，构建金融安全网。一方面，构建金融风险监测预警机制，针对银行业、证券期货业和保险业分别设立风险预警子系统，对反映各种风险的因素、情况以及变动趋势进行跟踪统计和实时检测。另一方面，防范货币市场流动性风险，关注房地产金融领域的风险与地方监管机构和平台的区域性风险，健全风险处置机制。

参考文献

［1］爱德华·肖. 经济发展中的金融深化［M］. 上海：上海三联书店，1998.

［2］白钦先，张润林，杜欣. 金融结构视角下的金融稳定论［J］. 武汉金融，2006（2）：10-13.

［3］白钦先. 比较银行学［M］. 郑州：河南人民出版社，1989.

［4］白钦先. 论以金融资源学说为基础的金融可持续发展理论与战略——兼论传统金融观到现代金融观的变迁［J］. 广东商学院学报，2003（5）：5-10.

［5］庇古. 福利经济学［M］. 北京：中国社会科学出版社，1999.

［6］陈明琪. 金融视角下房地产周期波动和驱动效应研究［D］. 北京：中国矿业大学，2015.

［7］陈仁泉，沈理明，杨敏. 区域金融稳定评估研究［J］. 福建金融，2006（07）：27-30.

［8］陈阳. 基于金融发展与经济增长关联性的中国金融稳定综合测评［D］. 青岛：中国海洋大学，2015.

［9］陈志. 金融稳定与币值稳定目标关系论［D］. 北京：中国人民银行金融研究所，2006.

［10］成丽敏. 全球化背景下中国金融稳定研究［D］. 北京：中共中央党校，2010.

［11］储结兵. 货币政策传导机制效率的条件分析［J］. 金融经济学研究，2003（2）.

［12］崔蛟. 金融结构与金融稳定关系研究［D］. 济南：山东经济学院，2010.

［13］董晓时. 金融结构的基础与发展［M］. 大连：东北财经大学出版社，1999.

［14］范一飞. 谱写新时代金融信息化发展新篇章［J］. 中国金融，2020

(Z1)：22-24.

［15］方贤明. 制度变迁与金融结构调整［M］. 北京：中国金融出版社，1999.

［16］费雪. 大危机的债务—通货紧缩理论［M］. 北京：商务印书馆，1935.

［17］顾宁. 金融自由化的再认识与再实践［D］. 长春：吉林大学，2007.

［18］郭建伟. 最后贷款人［D］. 上海：复旦大学，2006.

［19］何德旭. 中国金融稳定：内在逻辑与基本框架［M］. 北京：社会科学文献出版社，2013.

［20］何德旭，郑联盛. 影子银行体系与金融体系稳定性［J］. 经济管理，2009（11）：20-25.

［21］何林峰. 中国金融稳定的金融结构与功能视角分析［J］. 生产力研究，2006（12）.

［22］黄金老. 金融自由化与金融脆弱性［M］. 北京：中国城市出版社，2001.

［23］黄永东. 金融结构变动对货币政策传导及效应的影响［D］. 广州：华南理工大学，2014.

［24］贾辉艳. 金融结构与金融监管结构相关性问题研究［J］. 经济研究参考，2011（39）：51-57.

［25］金剑峰. 银行体系脆弱性研究［D］. 广州：暨南大学，2003.

［26］雷蒙德·W. 戈德史密斯. 金融结构与金融发展［M］. 上海：上海三联书店，1994：25.

［27］李果. 银行结构与金融稳定——基于中东欧和独联体国家制度变迁视角的分析［D］. 上海：复旦大学，2012.

［28］李华民. 国有银行商业化改革的实质性推进与组织绩效改善［J］. 金融论坛，2005（1）：1-9.

［29］李量. 现代金融结构导论［M］. 北京：经济科学出版社，2000.

［30］李泽广，付飞，唐伟霞. 资本流动易变性及其经济效应分析［J］. 财经研究，2003（12）.

［31］林仁达. 流动性冲击下我国银行业系统性风险传染机制分析［D］. 成都：西南财经大学，2019.

[32] 凌杨斌，李阳. 三大结构性因素影响中国金融稳定 [N]. 中国经济时报，2005（7）.

[33] 刘迪，肖莹. 商业银行高质量发展与经济资本配置 [J]. 价格理论与实践，2019（10）：108-111.

[34] 刘沛. 开放经济下金融稳定的理论与实践 [D]. 广州：暨南大学，2003.

[35] 刘仁伍. 金融稳定：机理与评价 [M]. 北京：中国财政经济出版社，2007.

[36] 刘锡良，罗得志. 金融制度与金融稳定 [J]. 财贸经济，1999（6）.

[37] 刘霞. 系统性金融风险的分层结构与统计监测研究 [D]. 天津：天津财经大学，2019.

[38] 刘先良. 中国银行业宏观审慎监管法律制度研究 [D]. 南昌：江西财经大学，2015.

[39] 刘艳武. 中国货币政策有效性分析与选择 [D]. 长春：吉林大学，2004.

[40] 卢菲. 金融监管指数构建研究 [D]. 广州：广东商学院，2012.

[41] 卢小兵. 基于融资视角的中国金融结构与金融稳定研究 [J]. 广东金融学院学报，2006（4）：43-50.

[42] 陆真真. 融资银行化的缺陷与治理对策 [J]. 浙江金融，2004（3）：14-15+19.

[43] 栾莹辉. 浅析我国资本项目全面开放的风险和对策 [D]. 成都：西南财经大学，2007.

[44] 罗海波. 国际金融资本流动机制研究 [D]. 上海：华东师范大学，2008.

[45] 马歇尔. 经济学原理 [M]. 北京：商务印书馆，1987.

[46] 马玉超，黎继梓. 发达国家信用评级制度借鉴 [J]. 商业研究，2006（22）：142-146.

[47] 米什金. 货币金融学 [M]. 北京：中国人民大学出版社，1998.

[48] 庞岩. 新疆—中亚贸易发展与金融发展关系研究 [D]. 乌鲁木齐：新疆财经大学，2015.

[49] 齐娜. 我国金融稳定的评价体系研究与实证分析 [D]. 南京：河海大学，2006.

[50] 乔海曙，袁丽婷. 跨境股权资本流动与金融稳定——基于发达国家和发展中国家的比较 [J]. 中南大学学报（社会科学版），2016，22（06）：125-133.

[51] 宋海，任兆璋. 金融监管理论与制度 [M]. 广州：华南理工大学出版社，2006.

[52] 宋敏. 中国银行业脆弱性、测度及其效率改进 [D]. 南京：河海大学，2006.

[53] 孙林贺. 资本账户开放对金融体系的影响 [D]. 长春：吉林大学，2006.

[54] 孙韦. 金融危机背景下我国货币政策有效性研究 [D]. 合肥：安徽大学，2012.

[55] 汤凌霄. 跨国银行系统性风险监管论 [M]. 北京：经济科学出版社，2004.

[56] 滕晓东. 基于金融危机视角的资本市场政府管制研究——兼评政府审计“免疫系统论”[J]. 经济与管理，2009（6）：67-71.

[57] 王广谦. 中国金融发展中的结构问题分析 [J]. 金融研究，2002（5）：47-56.

[58] 王国刚. 资本账户开放与中国金融改革 [M]. 北京：社会科学文献出版社，2003.

[59] 王国言. 金融结构变迁与金融体系的稳定问题——试论金融结构性风险 [J]. 宁波经济，1998（6）.

[60] 王君晖. 央行报告指明加密货币“三宗罪”清理整顿将持续保持高压态势 [N]. 证券时报，2018-11-05.

[61] 王立慧. 金融深化对产业结构升级影响的统计研究 [D]. 杭州：浙江工商大学，2016.

[62] 王洛林，李扬. 金融结构与金融危机 [M]. 北京：经济管理出版社，2002.

[63] 王茂霖. 我国影子银行监管法律问题研究 [D]. 重庆：西南政法大学，2019.

[64] 王明华，黎志成. 金融稳定评估指标体系：银行稳定的宏观成本控制研究 [J]. 中国软科学，2005（09）：126-132.

[65] 王尚. 我国金融机构系统性风险度量及影响因素研究——基于

SRISK 指数法的分析［D］. 武汉：中南财经政法大学，2019.

［66］王胜强. 金融双向开放背景下维持金融稳定的体制研究［D］. 天津：天津师范大学，2018.

［67］王文才. 金融稳定结构体系研究［D］. 大连：东北财经大学，2006.

［68］王玉玲. 推动科技金融创新向纵深突破［J］. 中国金融，2019（20）：33-35.

［69］王月梅. 金融控股公司会计信息披露研究［J］. 天津经济，2021（01）：50-56.

［70］王兆星. 中国金融结构论［M］. 北京：中国金融出版社，1991.

［71］卫红. 金融自由化进程中的金融稳定：结构视角［D］. 北京：中国社会科学院，2002.

［72］翁玉颖. 关于宏观审慎政策与货币政策关系的研究［J］. 产业创新研究，2019（11）：98-100.

［73］吴涛，王霞. 银行理财产品对货币政策的影响及对策［J］. 北方经贸，2012（03）：71-72.

［74］向文华. 利率市场化的风险研究［N］. 中国经济时报，2004-07-27.

［75］向文华. 金融自由化与金融风险相关性研究综述［J］. 经济学动态，2004（12）：83-87

［76］向新民. 金融系统的脆弱性与稳定性研究［M］. 北京：中国经济出版社，2005：212-215.

［77］徐文彬. 发展中国家金融深化进程中的利率市场化改革［J］. 金融理论与教学，2004（01）：14-16.

［78］杨晓龙. 中国金融自由化效应分解：经济增长、金融风险以及收入分配［D］. 成都：西南民族大学，2010.

［79］杨玉凤. 我国国际资本流入的虚拟经济效应研究［D］. 南昌：江西财经大学，2010.

［80］应寅锋，刘诗音. 基于功能观点的金融结构对金融稳定的作用机理［N］. 中国经济时报，2006.

［81］虞伟荣，胡海鸥. 论金融风险监控指标体系的最新发展——IMF 金融稳健性指标评价体系评介［J］. 外国经济与管理，2004（05）：32-37.

［82］袁丽婷. 跨境股权资本流动对金融稳定的影响研究［D］. 长沙：湖南大学，2017.

［83］岳连梅. 我国影子银行影响区域金融稳定性的研究［D］. 济南：山东财经大学，2018.

［84］张桂霞. 国际资本流动背景下我国银行体系稳定机制研究［D］. 南京：河海大学，2007.

［85］张立强. 转型时期我国金融结构优化研究［D］. 北京：财政部财政科学研究所，2012.

［86］张礼卿. 资本账户开放与金融不稳定［M］. 北京：北京大学出版社，2004.

［87］张立洲. 论金融结构、金融监管与中国金融发展［J］. 经济学动态，2002（07）：35-39

［88］张润林. 金融结构视角下的金融稳定研究［D］. 沈阳：辽宁大学，2007.

［89］张雪丽. 开放经济条件下的中国金融稳定研究［D］. 大连：东北财经大学，2007.

［90］张颖馨. 面临潜在风险因素，央行金融稳定报告告诉你会怎样出招［EB/OL］. 经济观察网（2018－11－03）http：//www. eeo. com. cn/2018/1103/340237. shtml.

［91］张煜. 金融开放、经济增长和金融稳定［D］. 长春：吉林大学，2007.

［92］中国人民银行金融稳定分析小组. 中国金融稳定报告［R］. 北京：中国金融出版社，2005：141.

［93］中国人民银行金融稳定局. 中国金融稳定报告（2018）（2019）（2020）［EB/OL］. 中国人民银行网站 http：//www. pbc. gov. cn/jinrongwendingju/146766/146772/index. html.

［94］周钟山. 流动性过剩条件下中国资本市场稳定性研究［D］. 武汉：武汉理工大学，2009.

［95］朱恩涛，翁玉颖，张小雅. 关于物价稳定与金融稳定协调的理论分析［J］. 商业经济研究，2016（06）：171-173.

［96］朱孟楠，蔡从露. 银行业结构性因素对金融稳定的影响［J］. 国际金融研究，2007（8）：33-38.

[97] ALEJANDRO D. Goodbye Financial Repression, Hello Financial Crash [J]. Journal of Development Economics, 1985 (19).

[98] ASLI D, ENRICA D. Financial Liberalization and Financial Fragility [Z]. World Bank Policy Research Working Paper Series 1917, 1998.

[99] BLINDER. A General Discussion: Monetary Policy and Asset Price Volatility [J]. Federal Reserve Bank of Kansas City Economic Review, 1999 (4): 139-140.

[100] BORDO M D, CHOUDHRI E U, SCHWARTZ A J. Was Expansionary Monetary Policy Feasible During the Great Contraction? An Examination of the Gold Standard Constraint [Z]. NBER Working Papers 7125, 1999.

[101] BORDO M D, EICHENGREEN B, KLINGEBIEL D A, MARTINEZEERIA M S. Is the Crisis Problem Growing More Severe? [J]. Economic Policy, 2001 (4).

[102] CAPRIO G, KLINGBIEL D. Bank Insolvency: Bad Luck, Bad Policy, or Bad Banking? [C]. Washington D C: World Bank Annual Bank Conference on Development Economics, 1996 (4): 25-26.

[103] CAPRIO G, HERNANDEZ L, KLINGEBIEL D, et al. Financial Liberalization and the Capital Account: Thailand, 1988-97 [Z]. Policy Research Working Paper Series, 1999.

[104] CAPRIO G, HONOHAN P, STIGLIZ J E. Financial Liberalization: How Far, How Fast? [M]. Cambridge University Press, 2001.

[105] CARTER M. Financial Innovation and Financial Fragility [J]. Journal of Economic Issues, 1989, 23 (3): 779-793.

[106] CHANT J. Financial Stability as a Policy Goal [Z]. Essays on Financial Stability, 2003, 95: 1-28.

[107] CROCKETT A. The Theory and Practice of Financial Stability [J]. De Economist, 1996, 144 (4).

[108] CROCKETT A. In Search of Anchors for Financial and Monetary Stability [J]. SUERF Colloquium, 2000 (4): 231-253.

[109] CROCKETT A. Why is financial stability a goal of public policy? [J]. Federal Reserve Bank of Kansas City in its journal Economic Review. 1997.

[110] DEMIRGÜÇ-KUNT A, LEVINE R. Stock Market Development and Fi-

nancial Intermediaries: Stylized Facts [J]. The World Bank Economic Review, 1996, 10 (2): 291-321. [111] Deustsche Bundes Bank. Report on theStability of the German Financial System [R]. Frankfurt: Monthly Report, 2003 (12).

[112] DOOLEY M. A Survey of Academic Literature on Controls over International Capital Transactions [Z]. IMF Staff Paper 43, 1996: 639-687.

[113] DUISENBERG W F. The Contribution of the Euro to Financial Stability in Globalization of Financial Markets and Financial Stability: Challenges for Europe [C]. Baden-Baden, 2001: 37-51.

[114] ELBOUME A, LANSER D, SMID B, VROMANS M. Macroeconomic Resilience in a DSGE Model [Z]. CPB Discussion Paper 96, 2008.

[115] FERGUSON R. Should Financial Stability Be an Explicit Central Bank Objective? [Z]. Washington D C: Federal Reserve Board of Governors, 2002.

[116] FOOT M. What is "Financial Stability" and How do We Get It? [Z]. The Roy Bridge Memorial Lecture, 2003 (4): 10-14.

[117] FRANKEL J A , ROSE A K . The Endogenity of the Optimum Curre ncy Area Criteria [J]. The Economic Journal, 1998, 108 (449): 1009-1025.

[118] FRUEDMAN M, SCHWARTZ A J. A Monetary History of the United States [M]. Princeton University Press, 1963.

[119] GOLDSMITH. Financial Structure and Development [M]. New Haven: Yale University Press, 1969.

[120] MINSKY H P. Financial Instability and the Decline (?) of Banking: Public Policy Implications [J]. Proceedings 20, Federal Reserve Bank of Chicago, 1994.

[121] HONOHAN P. Financial Development, Growth, and Poverty: How Close Are the Links? [Z]. Policy Research Working Paper, 2004.

[122] HOUBEN A, KAKES J, SCHINASI G. Toward a Framework for Safeguarding Financial Stability [Z]. International Monetary Fund WP/04/101, 2004.

[123] ILLING M, LIU Y. An Index of Financial Stress for Canada [Z]. Working Papers 03-14, Bank of Canada, 2003.

[124] ISSING O. Monetary and Financial Stability: Is There a Trade-Off? [Z], 2003 (4): 142-163.

[125] KUNT A D, DETRAGIACHE E. The Determinants of Banking

Crises - Evidence from Developing and Developed Countries [Z]. IMF Working Papers 97/106, 1997.

[126] KUNT D, ROSS A L. Stock Markets, Corporate Finance, and Economic Growth: An Overview [J]. World Bank Economic Review, 1996, 10 (2): 223-239.

[127] LAKER F. Monitoring Financial System Stability [Z]. Melbourne: 52nd International Banking Summer School, 1999: 1-2.

[128] LARGE A. Financial Stability: Maintaining Confidence in a Complex World [J]. Financial Stability Review, 2003: 170-174.

[129] LEWIS A W. The Theory of Economic Growth [M]. London: George Allen & Unwin, 1955.

[130] MATTIEU B, MARCE L F. Towards a New Early Warning System of Financial Crises [J]. Journal of International Money and Finance, 2006, 25 (6): 953-973.

[131] MINSHKIN F S. Global Financial Instability: Framework, Events, Issues [J]. Journal of Economic Perspectives, 1999, 13 (4): 3-20.

[132] MISHKIN F S. International Capital Movements, Financial Volatility and Financial Instability [Z]. NBER Working Papers 6390, 1999.

[133] MINSKY H. Stabilizing and Unstable Economy [M]. New Haven: Yale University Press, 1986.

[134] HELLMAN T, MURDOCK K C, STIGLITZ J E. Addressing Moral Hazard in Banking: Deposit Rate Controls vs. Capital Requirements [Z]. Unpublished Manuscriot, 1994.

[135] Norwegian Central Bank. Financial Stability Review [R], 2003 (1).

[136] OLSON M. The Logic of Collective Action: Public Goods and Theory of Group [M]. Harvard University Press, 1965.

[137] PADOA - SCHIOPPA T. Securities and Banking: Bridges and Walls LSE Financial Markets Group School of Economics [J]. Financial Markets Group, 2002.

[138] PADOA - SCHIOPPA T. The Eurozone´s Fiscal Framework Survives [J]. Financial Times, 2003, 12 (15): 70-74.

[139] PHILIP D E, DILRUBA K. Comparing Early Warning Systems for

Banking Crises [J]. Journal of Financial Stability, 2008, 4 (2): 89-120.

[140] REINHART C, KAMINSKY G. The Twin Crises: The Causes of Banking and Balance of Payments Problems [Z]. MPRA Paper, 1999.

[141] ROSSI M. Financial Fragility and Economic Performance in Developing Countries: Do Capital Controls, Prudential Regulation and Supervision Matter? [Z]. IMF Working Paper WP/99/66, 1999.

[142] SACHS J D, TORNELL A, VELASCO A, et al. Financial Crises in Emerging Markets: The Lessons from 1995 [J]. Brookings Papers on Economic Activity, 1996 (1): 147-215.

[143] SCHINASI G J. Responsibility of Central Banks for Stability in Financial Markets [Z]. IMF Working Papers 03/121, 2003.

[144] VAN DEN END J W. Indicator and Boundaries of Financial Stability [Z]. DNB Working Papers 097, 2006.

[145] VEBLEN T B. Theory of Business Enterprise [M]. New York: BiblioBazaar LLC, 1904.

[146] VINALS J. Monetary Policy Issues in a Low Inflation Environment in "Why Price Stability" [J]. European Central Bank, 2001 (6): 43-65.

[147] WELINK. Current Issues in Central Banking [Z]. Central Bank of Aruba, 2002.

[148] WELLER C. The Finance-Investment Link in a Transition Economy: Evidence For Poland From Panel Data [J]. Comparative Economic Studies, 2001, 43 (1): 31-52.

后 记

本书在我的博士论文基础上进行了一定的延伸。虽然本书仍存在一定的不足，但也是自己以后进行更深层次研究的方向和动力。首先，感谢我的导师四川大学经济学院李天德老师的悉心指导。老师严谨的治学态度、深厚的文化底蕴以及孜孜不倦的教诲，使我终身受益，给我以后的人生追求树立了良好的榜样。其次，感谢四川大学经济学院的所有老师为本书的完成提供了系统的知识基础。感谢我亲爱的同学及各位师弟师妹们的热心帮助。还要感谢我的家人，他们一直默默为我付出，不断鼓励支持，让我有勇气和信心继续自己未来的追求。再次，感谢河南科技大学各位领导及同事的帮助，为我排解工作过程中的各种难题。最后，感谢中国经济出版社各位编辑老师在著作出版过程中给予的帮助和支持。